Creating Value Through Communication

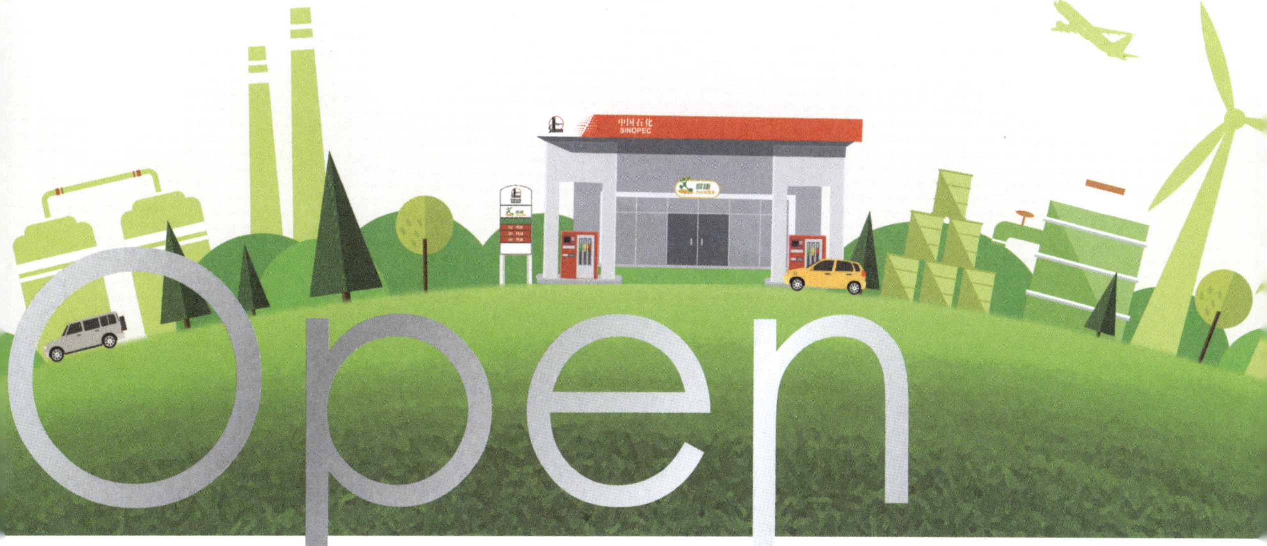

沟通创造价值

企业公众开放日品牌活动探索与创新

吕大鹏 阎慧蓉 刘姗/著

经济管理出版社
ECONOMY & MANAGEMENT PUBLISHING HOUSE

开放,把国有企业办成您期望的模样

2018 年中国石化"公众开放日"品牌活动
荣获 SABRE 亚太区域品牌和声誉管理杰出成就金奖
这是国际公共关系界的最高奖项
被称为公关界的"诺贝尔"奖

目录 CONTENTS

开门见山 ... 01

The first plate
第一大板块　不开门真的不行了 ... 02

第一章　"拆墙",让"酒香"飘出"深巷" ... 05
一、一道两百余年垒起的"高墙" ... 06
二、拆除"高墙",走出"深巷" ... 08

The second plate
第二大板块　开门是有"套路"的 ... 10

第二章　品牌引领,聚焦主题 ... 13
一、品牌引领——打造与社会沟通的标志性品牌活动 ... 16
二、聚焦主题——探秘智慧能源 ... 17

第三章　重点做好"八个一"顶层设计 ... 23
一、一套标准的活动流程 ... 25
二、一组统一的视觉形象体系 ... 32
三、一个人见人爱的活动代言人 ... 36
四、一首广为传唱的主题"神曲" ... 37
五、一份"会说话"的标准解说词 ... 39
六、一个整合传播的交流平台 ... 57
七、一本可复制的活动指导手册 ... 58
八、一个具有特殊意义的固定活动日 ... 59

第四章　如何在一家企业推进落地　　61
　　一、"量身定制"差异化流程　　62
　　二、打造"专家型＋高亲和力"的讲解员队伍　　66
　　三、整合多方资源"为我所用"　　67
　　四、打好线上线下传播"组合拳"　　68
　　五、影响有影响力的人和未来有影响力的人　　70

第五章　如何在集团层面推进落地　　75
　　一、系统推进，形成"横向联动，纵向联通"的组织机制　　76
　　二、关键节点，抓好"两会一训一测试"　　77
　　三、示范引领，用好模范企业"帮带"活动　　78
　　四、典型案例，及时总结优秀经验并复制推广　　79

The third plate
第三大板块　开了门真的不一样　　106

第六章　沟通创造价值　　109
　　一、各方认可，创新沟通模式打造新品牌　　110
　　二、释疑解惑，拓展重化工业发展新空间　　113
　　三、多维沟通，集群打造石化科普新基地　　115
　　四、倒逼加压，激发内部改善管理新动力　　116
　　五、新闻创效，探索提升经营效益新途径　　118

汇聚・数据库　　120

未来展望　　123

鸣谢　　124

后记　　125

开门见山

近年来，因为核电、化工、垃圾、危险废物等涉及重型工业及环保设施建设所引发的群体性事件时有发生。如何破解这种"不要建在我家后院"的"邻避效应"，是世界各国面临的共同挑战，考验着政府和企业的智慧。

习近平总书记强调，国企发展事关国家基本经济制度和经济安全，要加大正面宣传力度和形象公关力度，增信释疑，促进了解，树立良好形象。中国石化积极响应习近平总书记的号召，在探索中不断前行，于2012年起在全系统组织举办"开门开放办企业"活动，持续地邀请公众、学生、媒体、政府官员走进企业，搭建与公众沟通的平台，并于2016年升级打造以"探秘智慧能源"为主题的中国石化"公众开放日"品牌活动。

开门增进理解，沟通创造价值。中国石化"公众开放日"活动由所属12家单位做第一批试点，逐步复制推广至50家企业，36座城市。截至2018年12月，中国石化所属企业累计举办活动2732期，参与公众人数达13.1万人，展示了创新、绿色、民生的企业新形象，赢得了社会各界的普遍信任和广泛好评。相伴而来的是企业发展空间的拓展，江汉油田涪陵页岩气田展示"中国奇迹"，九江石化芳烃项目顺利取得环评批复……企业管理和经营效益也在这个过程中同步提升。"公众开放日"活动拆除了"深院的围墙"，不仅获奖，更重要的是重获民众的理解，口碑得到了提升。也让企业了解外界变化和公众期待，从而更加自觉、持续地促进企业"改进沟通、改善管理、改良文化"，实现更高质量、更有效率、更可持续的发展。

为进一步提升活动的理论价值、学术价值和社会价值，我们编制出版《沟通创造价值——企业公众开放日品牌活动探索与创新》。这是中国石化第一次系统总结和梳理"公众开放日"品牌活动，力争全面呈现中国石化加强企业与公众沟通的新思路、新做法、新成效。

我们希望以中国石化为案例，通过深度剖析活动情况，对内，加强学习交流和经验分享，带动所属企业更加积极、主动地开展和不断完善"公众开放日"品牌活动，提升活动管理和实践水平；对外，为兄弟企业开展类似活动提供一些借鉴。同时，也给学术界提供一个研究案例。诚然，本书仍存在诸多不足，恳请各位读者不吝赐教。

站在新起点，回望来时路。在信息爆炸、充满不确定性的年代，唯有对话才能赢得倾听、理解、认同，进而创造价值。展望未来，中国石化将继续期待携手社会各界，讲好企业故事，传播中国故事，树立新时代企业新形象，激发新时代企业新作为，共同为美好生活加油。

2019年4月

第一大板块
The first plate

不开门真的不行了

时光拉回 12 年前,"PX 风波"在初夏的一天不期而至,种种惊悚标签附着在厦门 PX 项目上。很多情况下,真相还在系鞋带的时候,谣言已经绕地球跑了好几圈了。

厦门 PX 事件是一个起点,也是一个分水岭。从这个事件开始,中国进入环境群体性事件多发的年代。

从世界工业文明进程看,这绝非偶然。在某种程度上,20 世纪以来的百余年就是一段意见竞争持续加剧的历史过程。20 世纪四五十年代,英国伦敦雾霾、德国莱茵河污染、美国洛杉矶光化学烟雾等一系列环境污染事件给人们的生活造成严重影响,给重化工等工业贴上了负面标签,屡屡引发当地"邻避效应"。

我国工业化扩张，一路高歌跨过 21 世纪的大门。然而在冒着黑烟抑或白烟的高耸的烟囱下，当城市的人们清早起床推开窗时，灰蒙蒙的雾霾遮天蔽日。一个陌生的化学名词 PM2.5 第一次成为普通老百姓街头巷尾的议论。穹顶之下，环保意识逐渐增强的人们试图诉诸原罪，连同石油石化等一系列国家重点工业产业，都被贴上"不安全、不环保、不开放"的标签。

"邻避效应"在国内蔓延滋长，厦门、大连、成都、昆明、宁波等地因 PX 化工项目引发公众抗议，发生示威游行的群体事件，导致项目被搁浅或停滞，直接影响企业的生产经营和行业的可持续发展，以及国家能源战略布局，乃至社会的和谐稳定。

社会学家安东尼·吉登斯在论述现代危机时指出，在多元文明交会的全球化时代，除了对话，我们别无选择。

在社会现实层面，公关对话范式响应了对话时代的到来。国内公共关系学者胡百精认为，在普泛、剧烈的多元化、碎片化、去中心化乃至虚无主义浪潮中，对话是重构认同与共同体的必然选择。

"开门开放"是对话的前提，也是冲出"舆论困境"的唯一出路。

小知识

邻避效应，是指居民或在当地单位因担心邻避设施对身体健康、环境质量和资产价值等带来诸多负面影响，从而激发人们的嫌恶情结，滋生"不要建在我家后院"的心理现象。它能在社会现实中起到一定的积极作用，但如若处置不当，将带来诸多负面影响。

第一章

"拆墙",让"酒香"飘出"深巷"

倘若把石油比作陈年老酒,那它在地下历经的是上亿年的窖藏。

每一升"老窖"都提炼取自上亿年的地质,它经过远古的阳光照射,饱含的能量给予了人类历史发展中所需的巨大能量——汽煤柴提供能源动力,沥青铺就通衢大道,天然气烹饪美味佳肴,合成树脂变身各类塑料,合成橡胶应用国防医药,合成纤维加工现代纺织料。我们可以用石油加工成琳琅满目的化妆品、居家生活用品和各类新材料。据有关统计,人均一生相当于"穿"掉 0.29 吨石油,"吃"掉 0.55 吨石油,"住"掉 3.8 吨石油,"行"掉 3.8 吨石油。这个被称作当代伟大奇迹的发现,改变着人类现代生活品质。

俗话讲"好酒不怕巷子深",然而现实却是"好酒也怕巷子深",以至于谈"化"色变,邻避效应。

这一坛"酒香",飘不出工业高墙。在人人发言、透明围观的互联网时代,"事实"却推挤出公共话语空间,"真相"的表达变得无力,若非及时、主动、公开参与意见竞争,谣言、谬误和偏见不但影响当下意见竞争的走向,而且还可能干预历史的书写和大众的集体记忆。

面对意见竞争,通常的选择不外乎有三:一是逃避;二是对抗;三是在对话中有效回应。中国石化选择对话,意味着开放、平等、动态地增进了解,消除误解,揭开真相,更重要的是打开了企业价值世界的大门,试图增进信任、利益互惠、赢取共识,构建企业与公众、社会的价值共同体。

一、一道两百余年垒起的"高墙"

世上没有无缘无故的爱，也没有无缘无故的恨。66 年前"伦敦烟雾事件"致死数千人，如一记警钟在全球工业国家敲响。戴上口罩也遮不住工业文明背后人们的恐慌。

回望两百余年历史，18 世纪中叶以来先后发生的三次工业革命虽然带来了一个空前繁荣的时代，却也付出了巨大的成本。美国管理学家乔治·埃尔顿·梅奥在《工业文明的社会问题》一书中写到，科学的发展能够使我们认识一切，唯一的例外是，人类迄今仍不知道如何和谐地共处。

直至 20 世纪中后期，"高生产、高消费、高污染"的传统工业发展模式开始探索转型，可持续发展的理念走进人们的视野。这些国家在治理环境污染上不断增加投资，积极开发低污染和无污染的工艺技术。环境保护和经济发展相协调的主张成为人们的共识，"环境与发展"则成为世界环保工作的主题。英国化学工业协会自 1986 年开始，以"工业年"运动为契机举办企业开放日活动，改善化工业形象。德国化学工业革新工艺、改善管理的同时，从 1993 年开始组织"公众开放日"等与公众互动的活动，使德国化工业的声誉持续提升。

随着中国全面进入小康社会，公众对生存环境质量空前关注，参与环境监督的热情高涨。环境群体事件的起因和演化路径基本类似，一边是亟待新建的基础工业设施，一边是公众质疑、"邻避效应"，这种需求之切和落地之难的尴尬，最终陷入"零和困局"。这一方面说明社会大众个人权利意识的觉醒，使民众的利益诉求成为影响项目决策的重要因素；另一方面凸显了政府和企业在信息透明以及与公众沟通方面的欠缺和不足。

而此时此刻，"工业 4.0"的概念随着 2013 年德国汉诺威工业博览会举办备受关注，包括中国在内的全球 65 个国家以全新面孔亮相世界前沿工业的舞台。舆论认为，第四次工业革命已经悄然到来——以人工智能、清洁能源、量子信息技术、虚拟现实以及生物技术为主的全新技术革命。以历史视角观察，我们已然确定，绿色革命已经来临。技术更先进的现代工业不但能保护环境，还能让我们拥有更加舒适的生活。

从围墙内妖魔化的神秘工厂到敞开大门的绿色工厂，消除误解，增进信任，必须打通企业与公众的沟通渠道。光明乳业于 2005 年举办首个具有全国影响的公众开放日活动，帮助企业化解"回产奶"等舆情危机；伊利集团自 2013 年启动"伊利工厂，开放之旅"活动，覆盖国内全部 45 家工厂，重塑国人对国产牛奶的信心。

■ 二、拆除"高墙",走出"深巷"

工厂围墙内高耸的烟囱让人们避之不及。

尽管烟囱冒出的白烟只是水汽,与人们家中烧水壶冒出的白色水汽并无二致;尽管石油石化与人们衣食住行密切相关,但并不为公众所熟知。

城市化进程日益加快,房地产开发热潮使原本身处郊区的石化厂区被"新区"包围,紧紧毗邻大众生活区。大家一觉醒来,突然发现身边有一个大门紧闭、围墙高高、从不与人沟通的"神秘工厂"。

2012年持续大面积的重度雾霾天气,让公众将矛盾对准了石化行业,甚至盲目"抵制化学"。中国石化也被当作PX项目建设和雾霾的元凶,一直处在社会舆论的风口浪尖。

"封闭型企业如大象一般,封锁信息,笨拙回应,难以灵敏转身。"美国公共关系学者卡特里普将组织系统区分为封闭和开放两种取向。开放性企业则相反,总会主动拥抱千变万化的环境,影响和指导公众的知识、素质和行为。

在过去,国企长期"只做不说""多做少说",和外界沟通较少。长期误解的积累,使得公众猛然间发现,身边有一只"沉默的""看似不怎么安全",也不怎么环保的"神秘大象"。

越不说,越不交流,越不明白,就听信"道听途说",人们就越害怕。而事实上,中国石化多年来积极推进绿色发展,优化能源结构,建立清洁低碳、安全高效的能源体系,倡导绿色低碳的生活方式,促进我国生态文明建设。

拆墙开门,是企业走出公众误解"深巷"的必经之路。

2012年,中国石化《关于实施"开门办企业、开放办企业"的指导意见》一文下发至系统内各企业,"公众开放日"活动应运而生。

2016年,中国石化全面升级打造"探秘智慧能源——中国石化公众开放日"品牌沟通平台。截至2018年,7年的实践与探索,中国石化"公众开放日"品牌活动,引领了石化行业"开门开放"的潮流,揭开了神秘的面纱,让公众真正了解企业,认知绿色，传播企业良好形象。

目前，中国经济从追求规模总量向追求质量效益转变，淘汰落后产能，实现转型升级、绿色发展成为必然趋势。凭借"硬实力"可以成就大企业，但如果想成为受人尊敬、令人信任的伟大企业，更多地需要"软实力"。国内公共关系学者胡百精指出，企业之大，在于事实；企业之伟大，则系于价值。一个品牌在事实之维的引领知名度、覆盖率和占有率，并不能自然而然带来价值之维的美誉度、信任度和忠诚度。一个伟大的企业，不但要业绩优良，而且要具有社会责任，拥有良善的价值观，响应公共精神，推动商业文明和人类精神的整体进步。

中国石化"公众开放日"是构建企业与公众互信的平台和渠道，是企业品牌建设、声誉管理的重要途径，对营造良好的舆论生态，成就企业"软实力"有着非常积极的作用。

第二大板块
The second plate

开门是有"套路"的

广义上讲，人类的一切交往行为皆可视为对话。20世纪中叶，苏联学者巴赫金首次提出对话主义。开门开放，即为对话。

在具体实践中，中国石化搭建了一个与公众对话的平台——中国石化"公众开放日"品牌沟通平台。它不仅是意见交换平台，更是公众参与空间和社会关系网络。面对舆论危机，平台在一定历史时期内发挥着"缓冲带""谈判桌"的作用。

在此平台上，多元主体通过线下和线上，广泛、平等、自主地加入对话沟通，不同声音在特定时空中相遇、碰撞、交会，在交往理性中形成"复调"。多元主体包括了社区居民、合作伙伴、政府、专家、媒体等利益相关者，企业角度谓之"公众"。此间，中国石化有计划、有规程地与公众展开对话；增进了解、消除误解，培养共识、维护关系，实现利益互惠和价值认同。

其计划和规程，便是"套路"——可复制的一种营销模式——自2012年中国石化在全系统组织各企业实施"开门开放办企业"主题活动至2015年底，共有62家企业参与其中，累计举办活动超过2000次，先后邀请参观公众达8万余人。期间，中国石化借鉴国内外优秀企业在"开门开放办企业"方面的做法和经验，逐步总结出中国石化"公众开放日"品牌活动的独有"套路"。

套路的关键，是"公众开放日"品牌设计和主题定位。

套路的核心，是集团顶层设计的"八个一"。

套路的支撑，是企业执行落地的"五个着力点"。

| 2012 年 | 中国石化在全系统组织各企业实施"开门开放办企业"主题活动。 |

| 2016 年 | 中国石化将原先由各企业自行组织的"开门开放办企业"主题活动，整合成集团层面的统一活动，按照集团策划设计的"套路"在系统内上、中、下游产业链各有关企业推而广之。 |

| 2016 年 4 月 | 启动第一季"探秘智慧能源——中国石化公众开放日"品牌活动，12 家企业，9 个城市，同时"拆墙迎客"。 |

| 2017 年 4 月 | 启动第二季"探秘智慧能源——中国石化公众开放日"品牌活动，30 家企业，24 个城市，同时开门开放。 |

| 2018 年 4 月 | 继续升级开展第三季"探秘智慧能源——中国石化公众开放日"品牌活动，50 家企业，36 个城市，同步启动活动。 |

| 2012 年~2018 年 | 中国石化创新了"公众开放日"品牌活动独具特色的操作模式，可以说在一定程度上具有可操作性、可复制性和可推广性，可为同行业乃至企业界在公关传播方面提供借鉴。 |

其明显标志是，在顶层设计上实现了五大转变：

| 在活动定位上 | 由各自为战的主题活动向集团统一品牌活动转变 |

| 在目标受众上 | 由面向当地社区向面向更广泛公众转变 |

| 在活动主题上 | 由模糊的分散主题向集中的品牌规划主题转变 |

| 在活动方式上 | 由宣贯式的单向宣传向分享式的双向互动转变 |

| 在活动组织上 | 由重活动轻传播向线上线下并重转变 |

第二章 Chapter 2
品牌引领，聚焦主题

敞开大门之后，如何精心策划"公众开放日"活动，以达到开门开放办企业的效果？这其中涉及一个关键问题，就是如何确定品牌定位。

被称为"定位之父"的全球顶尖营销战略家杰克·特劳特早在40年前提出了"定位"战略理论。该理论认为企业必须在市场中确定能够被顾客接受的"品牌定位"，然后以这个定位引领内部运营，从而在竞争中居于主动地位，获得长远的竞争优势。所谓定位，就是让品牌在消费者的心智中占据有利的位置，使品牌成为某个类别或某种特性的代表品牌。

依据此理论，中国石化"公众开放日"活动首先要基于集团"智慧能源,至美生活"的品牌口号，寻找的是自己独具特色的个性特征，并将其打造成为品牌，以塑造企业在公众心中的差异化的"唯一"形象。

基于先期条件，并经过不断的实践与探索，中国石化最终确定公众开放日活动的品牌定位，即将原先由各企业自行组织的"开门开放办企业"主题活动，整合打造成集团层面的统一品牌活动，主题定位为"探秘智慧能源"，活动目标是通过2~3年时间，将其打造成为公司与社会沟通的标志性品牌活动。

有了明确的品牌定位，中国石化"公众开放日"活动就有了清晰的方向，可以指引中国石化精准地设计活动的传播内容和传播渠道，从而更好地发挥公关传播活动的"对话"作用，塑造企业品牌形象。

打造"公众开放日"
品牌活动的3个先期条件

条件1：有力的政府支持

推动"公众开放日"与政府发挥"政治、经济、社会、文化"四大职能相契合，一方面有利于促进企业的可持续发展，另一方面有利于引导公众参与环境保护，实现多赢局面。2013年1月，习近平总书记强调"国企发展事关国家基本经济制度和经济安全，要加大正面宣传和形象公关力度，增信释疑，促进了解，树立良好形象"，进一步为中国石化"公众开放日"品牌活动提供了政策支持。

条件2：良好的自身条件

"公众开放日"是对企业诚信经营、精细操作、规范管理、安全环保工作的考验。为做好"公众开放日"品牌活动，中国石化做实、做精、做优管理，并在安全生产、环境保护、科技创新等方面做出特色、取得成效，打牢活动基础，让"开门"更加有底气。

安全生产基础　　中国石化各所属企业通过建立健全安全生产管理体系，实施安全生产监控、安全隐患排查与治理、安全生产应急等方式不断提升企业安全生产水平，确保企业安全高效运营，向公众展示企业安全生产成效。同时，制定安全预案、配备安全设备及医护人员等，为"公众开放日"品牌活动安全有序开展提供保障。

环境保护基础　　中国石化各所属企业以生态文明建设为指导，统筹节能、减排、降碳一体化管理，开发清洁能源，推进油品质量升级，实施"碧水蓝天"环保专项行动、"能效提升"计划、绿色企业行动计划、碳资产管理等，培育绿色发展优势，打造绿色油田、绿色工厂、绿色加油站，向公众展示企业环境保护工作成效。

科技创新基础

中国石化各所属企业深入落实"互联网+"等国家战略，大力推进工业化和信息化融合，在智能制造示范试点、统一电子商务推广应用、经营管理平台集中集成、一体化共享服务、互联网出口集中管控、网络与信息安全管理等重点工作领域取得多项"两化"融合成果，打造智慧油田、智慧工厂、智慧加油站，向公众展示企业智能制造工作成效。

条件 3：一定的资源基础

2012 年，中国石化下发《关于实施"开门办企业、开放办企业"的指导意见》，大力开展"公众开放日"活动，从全产业链角度与公众进行全面沟通，把人请进来：

看，让周边居民放下心；

嗅，体验无异味、无污染工厂；

听，通过传播让公众安下心；

闻，让地方政府知道企业的贡献而支持发展。

同时，也要让企业专家"走出去"，通过交流增进了解。

截至 2015 年底，中国石化 62 家所属企业累计举办"公众开放日"活动 2000 次，先后有 8 万余名公众入厂参观，网络上相关报道累计 4.3 万篇，沟通效果初步显现。

4 年持续不断的努力，为升级"公众开放日"活动奠定了一定的资源基础。

一、品牌引领
——打造与社会沟通的标志性品牌活动

　　品牌代表着企业对内外部的一致性承诺，它亦代表着知名度与信誉度，有助于内外部对企业产生良好的印象和丰富的联想，构建对企业的整体认同感，建立品牌信仰。品牌是一种无形资产，具有凝聚力和扩散力，也是成就企业持续发展的动力。

　　基础是形式上的统一。活动具有准确的传播核心定位、完备的视觉形象体系、丰富趣味的线下活动体验等，在内部运营方面则是高层重视和多部门联合。

　　核心内容是价值传递上的聚焦。企业与利益相关者在事实层面进行对话，在价值层面对话，双方谋求事实共识，期待价值共识，彼此走向利益互惠的事实世界，靠近意义分享的价值世界。中国石化"公众开放日"试图通过营造对话语境，推进事实对话和价值对话，构筑利益沟通体，培育价值共同体。在创新、绿色、民生的内涵延展下，绘制一幅与百姓和谐共处、与自然和谐共生的图景。

　　据此，2016年，中国石化集团公司提出在原来各企业自行组织的"开门开放办企业"活动的基础上将其升级打造成集团层面的中国石化"公众开放日"品牌活动，以形成统一的品牌聚合势能，集中打造统一的活动品牌形象。截至2018年，传播覆盖影响人数破亿，成为中央企业首个品牌化公众开放日活动，也是我国工业企业中规模最大的"公众开放日"活动。

这项活动对于扭转中国石化的社会形象、改善与当地民众的关系具有积极作用。2018年9月，中国石化"公众开放日"获国际公共关系界的最高奖项——SABRE Aawards，即品牌和声誉管理杰出成就奖，该奖被称为公关界的"诺贝尔"奖。

二、聚焦主题
——探秘智慧能源

主题,即供各方关注和讨论的议题,是活动的灵魂。分散的社会成员,由特定议题而得以会聚和形成"公众"。一切活动要素,从主题而来,服务于主题。

2016年,国家"十三五"规划纲要指出,积极构建智慧能源系统,加快推进能源全领域、全环节智慧化发展,构建提高可持续自适应能力。作为全球性能源化工企业,中国石化积极推动能源生产和消费革命,借鉴德国工业4.0,贯彻实施"互联网+"行动计划等有关要求,推动工业化与信息化融合,将信息化融入到企业全产业链环节,打造智慧油田、智慧工厂、智慧加油站,努力为社会提供清洁低碳、安全高效的现代能源体系,服务国家能源发展战略,服务人民对美好生活的需求。

中国石化的品牌定位是"智慧能源,至美生活",就是反映了"创新引领,造福百姓"的品牌内涵,以及"为美好生活加油"的使命和情怀。为此,中国石化结合"智慧能源,至美生活"的公司品牌定位和"为美好生活加油"的企业使命,将"公众开放日"品牌活动主题定位为"探秘智慧能源",主题内涵为"创新、绿色、民生",围绕这一主题及主题内涵,针对上、中、下游不同产业领域的特点,统筹、策划、安排活动行程和环节,通过邀请公众走进企业,使其零距离体验智慧油田、智慧工厂、智慧加油站,了解中国石化以科技创新、智能制造等支撑一体化业务发展、安全生产、绿色环保、服务民生等的做法和成效,让公众切实感知企业的履责行为和责任担当,提升公众对企业的整体性认知、认同。

活动主题

主题内涵重点展示

不同产业领域	重点展示主题内涵	重点参观内容
上游：油田企业	绿色、创新	展厅、生产指挥中心、油田、生态中心等
中游：炼化企业	绿色、智能	展厅、中控室、作业区、消防中心、污水处理中心、生态中心等
下游：销售企业	绿色、民生	油罐区、质检室、加油站、影展区、易捷等

（一）创新

中国石化各企业结合自身在工业化与信息化融合推进方面的做法，设置"电子巡井"、VR 体验三维工厂、"无人"仓库、自助加油、数字化生产管控中心和质量管理中心等参观环节，让公众切实感受智慧油田、智慧工厂、智慧加油站的风采，彰显企业科技力量。

* 九江石化生产管控中心中央大厅

(二)绿色

  中国石化"公众开放日"品牌活动注重发挥企业绿色优势,邀请公众实地参观油田周边环境、干净的施工现场,炼化工厂里的"污水"养鱼池、"百鹭园"、油气回收站等,向公众讲解为古树让路等绿色开发故事,展示中国石化清洁生产、环境保护、生态维护等方面的做法和成效,凸显绿色低碳的活动内涵。

* 处理过的化工污水养金鱼吸引了记者和网民

（三）民生

　　安全生产不仅事关企业的健康持续发展，而且关乎当地社会的和谐稳定发展。公众通过参观企业生产装置、消防中心、安全生产应急演练等，感知中国石化扎实的安全生产工作。

　　中国石化积极履行社会责任，实施精准扶贫，开展"光明号健康快车""情暖驿站·满爱回家"、爱心加油站、抢险救灾、支持国家重大活动、志愿服务等社会公益活动，用实际行动回馈社会，增进民生福祉。中国石化将社会责任实践贯穿到"公众开放日"品牌活动中，让公众感知中国石化高度负责的企业形象。

中国石化迎宾客，公众开放展气魄。社会责任新担当，企业内外共收获。
环境友好迎宾客，透明油滴是承诺。绿色发展促和谐，生态文明见规模。
百花齐放迎宾客，建设平台广传播。真情故事感人深，亲身体会眼界阔。
智慧能源迎宾客，小科普释大疑惑。品牌形象正能量，家国情怀重依托。

——中国石化社会监督员、中国工程院副巡视员　王元晶截至 2018 年,"探秘智慧能源——中国石化公众开放日"品牌活动已连续开展了三季,共有 50 家企业在 36 个城市同步实施活动,参与公众人数达 13.1 万人,传播覆盖影响人数破亿,成为中央企业首个品牌化"公众开放日"活动,也是我国工业企业中规模最大的"公众开放日"活动。

北　京	燕山石化	北京石油
上　海	上海石化	上海石油
	高桥石化	
天　津	天津石化	天津石油
重　庆	江汉油田	川渝化工
石家庄	石家庄炼化	
南　京	金陵石化	扬子石化
	江苏石油	南化公司
扬　州	仪征化纤	江苏油田
泰　州	华东石油局	
杭　州	浙江石油	
宁　波	镇海炼化	
安　庆	安庆石化	
南　昌	江西石油	
九　江	九江石化	
济　南	济南炼化	山东石油
青　岛	青岛炼化	
淄　博	齐鲁石化	
东　营	胜利油田	
郑　州	河南石油	
南　阳	河南油田	
洛　阳	洛阳石化	
濮　阳	中原油田	
	中原石化	
武　汉	武汉石化	
	湖北石油	
宜　昌	湖北化肥	
荆　门	荆门石化	
长　沙	湖南石油	
岳　阳	长岭炼化	
广　州	广东石油	
	广州石化	
茂　名	茂名石化	
南　宁	广西石油	
北　海	北海炼化	
成　都	西南石油局	
	四川石油	
昆　明	云南石油	
榆　林	华北石油局	
西　宁	青海石油	
乌鲁木齐	西北石油局	
阿克苏	塔河炼化	

第三章
Chapter 3
重点做好"八个一"顶层设计

依托活动品牌和活动主题的引领作用,中国石化从活动实施、活动传播、活动提升等方面做好顶层设计,探索形成可复制、可推广、可持续的活动操作模式。

- 在活动系统性策划的顶层设计上,构建中国石化"公众开放日"品牌活动模型。

中国石化各企业紧紧围绕"探秘智慧能源"活动主题和"打造中国石化与社会沟通的标志性品牌活动"目标,协调内外部资源,统一策划、实施、安排公众开放日活动行程,邀请政府、合作伙伴、专家、学生、社区等公众走进企业,让公众真正了解企业,既了解企业当下的产品服务、生产经营,又了解企业的文化理念、社会责任和价值追求。同时,让企业了解外界变化和公众期待,从而更加自觉、持续地促进企业"改进沟通、改善管理、改良文化",实现更高质量、更有效率、更可持续的发展。

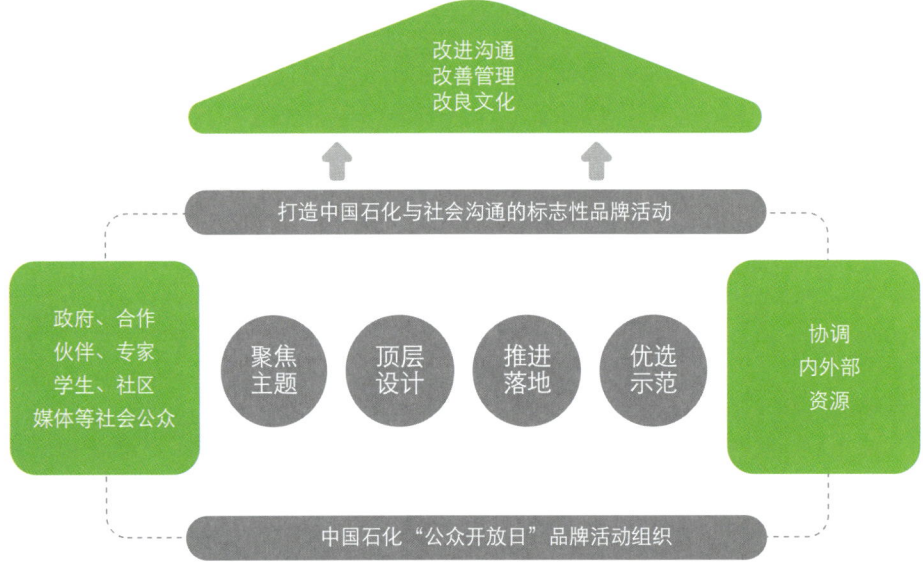

- 在活动具体推进的顶层设计上,形成"八个一"成果。运用 CIS 企业形象识别系统(Corporate Identity System),突出符号传递和象征互动,企业和公众之间借由符号和象征进行有效价值沟通。

1. 一套标准的活动流程
2. 一组统一的视觉形象体系
3. 一个人见人爱的活动代言人
4. 一首广为传唱的主题"神曲"
5. 一份"会说话"的标准解说词
6. 一个整合传播的交流平台
7. 一本可复制的活动指导手册
8. 一个具有特殊意义的固定活动日

一、一套标准的活动流程

中国石化各企业围绕"探秘智慧能源"主题,以突出"创新、绿色、民生"主题内涵为核心,编制《中国石化公众开放日品牌活动指导手册》,以此为依托,统一策划、安排"公众开放日"品牌活动流程。该活动流程包括标准化流程和差异化流程两部分。

标准化流程指上游、中游、下游不同产业领域安排统一的全产业链知识普及板块,称为"智慧小课堂"。"智慧小课堂"主要从石油是什么、石油是怎样获得的、石油是如何炼制的、石油和人们的关系、石化行业及日常交通安全标志知识普及五个方面,通过播放视频、知识讲解、互动游戏等方式,向公众普及中国石化全产业链知识。差异化流程指上游、中游、下游不同产业领域结合企业生产经营、企业特色实践等特点,安排差异化的参观实践板块,称为"实践小队",但相同产业领域需安排统一的参观实践流程。

中国石化"公众开放日"品牌活动流程图

```
┌─────────────────────────────────────────────┐
│     不同领域安排统一的全产业链知识普及板块     │
│  ┌─────────────────────────────────────┐   │
│  │            智慧小课堂                │   │
│  └─────────────────────────────────────┘   │
└─────────────────────────────────────────────┘
```

```
┌─────────────────────────────────────────────┐
│      不同领域安排差异化的参观实践板块         │
│  ┌─────────────────────────────────────┐   │
│  │             实践小队                 │   │
│  └─────────────────────────────────────┘   │
│                                             │
│   【堪采实践小队】  【炼化实践小队】  【乐活实践小队】│
│       展厅            展厅            油罐区    │
│    生产指挥中心      中控室           质检室    │
│       油田           作业区           加油站    │
│      生态中心        消防中心         影展区    │
│                    污水处理中心        易捷    │
│                     生态中心                   │
└─────────────────────────────────────────────┘
```

相同领域安排统一的参观实践流程

时间	项目		内容
09:40~10:10 或 14:40~15:10	[智慧小课堂]	石油是什么	视频《油迪的秘密》
			原油标本观赏
		石油是怎样获得的	H5游戏《油迪向前冲》
			石油勘探、开采基础知识讲解
			互动游戏：采油机拼装对抗赛
		石油是如何炼制的	石油炼化知识讲解
			互动游戏：石油炼化温度连连看
		石油和人们的关系	石油在生活中的应用提问
			油品升级与节油小知识分享
		安全标志知识普及	石化行业及日常交通安全标志认识

石油是什么

环节一 小课堂科普视频:《油迪的秘密》

公众落座后,播放科普类型影片,全篇以动画的形式诠释石油从开采到成品及衍生品的全产业链流程,用风趣幽默的卡通风格讲述,吸引受众眼球。

《油迪的秘密》科普视频

环节二 石油标本观赏

规则说明

- 小课堂老师为大家发放原油标本,并请大家观赏。
- 为大家介绍原油的物理形态、主要成分、形成年代。

  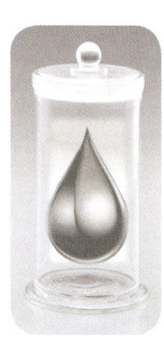

● 石油是怎样获得的

环节一 《油迪向前冲》互动游戏

 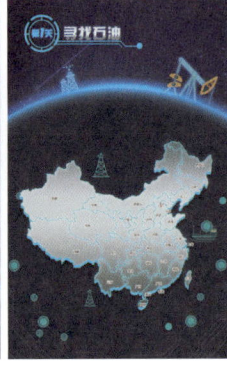  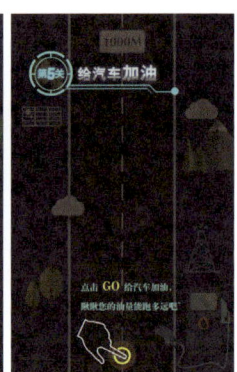

环节二 石油智能勘探、智能开采基础知识介绍

石油勘探介绍

- 石油横向、纵向分布特点介绍。
- 石油勘探方式介绍。

石油开采介绍

- 石油开采方式介绍。
- 石油开采设备介绍。

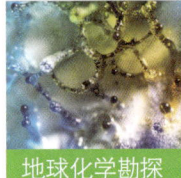  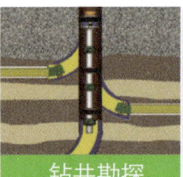  

地球化学勘探　　地质勘探　　钻井勘探　　卫星勘探　　地震勘探

陆地自喷采油　　陆地机械采油　　海上采油

环节三 采油机拼装对抗赛

规则说明

- 现场邀请 6 名公众组成 3 队，每队 2 人。
- 以特制的采油机拼装模型（可拼装）进行采油机模型的拼装比赛。
- 最快完成拼装的一队即可获得奖品或纪念品。

石油是如何炼制的

环节一 石油炼化知识讲解

规则说明

将石油的炼化知识按照一次加工和二次加工进行系统介绍。

> 石油通过海运、陆运或管道运输到达炼油厂，在炼油厂经不同的装置加工后会得到不同的化工产品。一般原油进入炼油厂会经历一次加工和二次加工。
>
> **一次加工介绍**
>
> 常减压蒸馏也称石油炼制的一次加工。原油经脱硫脱硝脱金属等预处理后，由加热炉加热进入常减压蒸馏塔进行蒸馏，根据馏分温度的不同分馏出液化石油气、石脑油、汽油、煤油、柴油等产品。
>
> **二次加工介绍**
>
> 石油进行二次加工后，通常还会有下游烯烃、芳烃、合成树脂（塑料）、合成纤维、合成橡胶等产品的生产。石油经过这样一层一层的"剥离"，最终形成了生活中所使用的产品。

环节二 炼化温度连连看

规则说明

- 现场邀请 6 名公众。
- 参与者可以画出不同温度对应的石油炼化产物。
- 正确率最高，完成时间最快的一人即可获得奖品或纪念品。

● 石油和人们的关系

石油在生活中的应用提问

规则说明

- 小课堂老师现场随机提问 2 位公众。
- 每人依次选择一个石油的应用类别。
- 每位参观者只要能列举出石油在该类别中 3 种以上的应用物，即可获得奖品或纪念品。
- 小课堂老师为大家讲解人一生要在衣食住行上分别用掉的石油量，让大家了解石油的重要性与不可或缺性。

应用类别	应用物品名称
燃油	柴油、汽油、飞机燃料、轮船燃料
塑料	牙刷、盆、瓶子、iPad
沥青	公路
衣服	涤纶、腈纶、锦纶
合成橡胶	鞋子、体育用品、轮胎、电线电缆
制药	X光片、药囊外衣、餐盘
清洁用品	洗涤剂、洗发水、沐浴乳、肥皂
食品	化肥、杀虫剂、口香糖
化妆品	石蜡、香精、染发剂

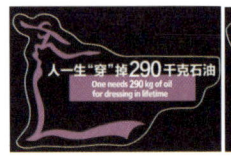 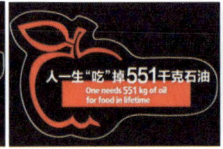  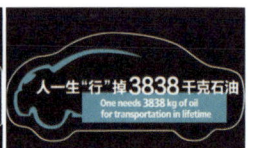

● 石化行业及日常交通安全标志知识普及

小课堂老师使用特制的石化行业及日常交通安全标志牌为公众普及安全知识,提高安全意识。

二、一组统一的视觉形象体系

现代公共关系学将视觉识别系统（Visual Identity，VI）定义为运用系统的、统一的视觉符号系统，将企业理念、文化特色、服务内容等抽象语意转换为具体符号的概念，塑造出独特的企业形象。

鉴于此，中国石化设计了一组统一的"公众开放日"品牌活动视觉形象体系，将活动理念、活动主题、活动内涵、活动意义等抽象概念转化为具体的、可识别的视觉符号，并应用于活动组织实施、活动宣传和传播的全过程及所有环节，以最外在、最直接的方式向公众传达活动理念、企业文化等，建立更加有效的、与公众的"沟通对话"机制。

ICON

标准色

反白色

● 主视觉

● 签名留言板／留言贴

● 油卡封套

● 参观指南

● 安全须知卡

● 温度连连看画板

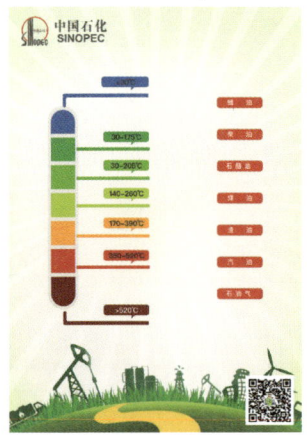

● 欢迎条幅 / 合影条幅

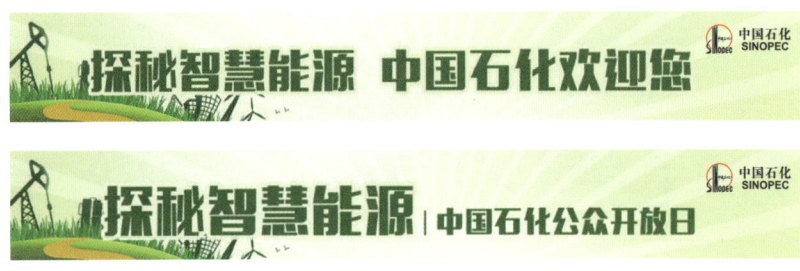

● 接机牌　　　　　　　　　　● 易拉宝

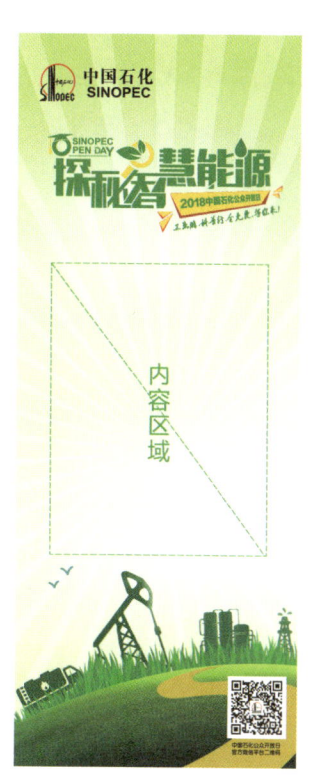

● 智慧巴士车贴及座椅枕套

大巴车　　　　　　考斯特　　　　　　靠背

三、一个人见人爱的活动代言人

在公关传播中,许多组织往往会邀请公众喜爱的明星或公众人物作为自己的代言人,以把公众对明星或公众人物的喜爱转移到对自己企业的喜爱,以提高企业的知名度和公众的认可度。这种现象被称为情感效应或移情效应。

中国石化在推进"公众开放日"品牌活动过程中,利用情感效应,设计活动"代言人"——"油迪"("油滴"的谐音),赋予其创新、绿色、民生的内涵,并将其制作成油迪迪公仔、钥匙扣、表情包等,应用于活动现场、活动礼品赠送、活动宣传和传播等所有环节。通过拟人化的"油迪",以具体、灵活、亲切、可爱、生动的形象展现在公众面前,为品牌注入可感、可知、可对话的个性和灵魂,给公众强烈的视觉与心灵冲击,促使公众对活动、活动品牌,以及企业、企业品牌产生亲近感和认同感,有效弥合了央企与公众之间的传播距离和关系裂痕。

如今,油迪的形象已经深入人心。在活动现场,它是惹人喜欢的最佳合影对象,它是萌萌的机器人,也是让人爱不释手的玩偶;在网络上,它是各种各样的表情包。

四、一首广为传唱的主题"神曲"

随着移动互联网的快速发展,传播媒介多元化趋势越来越明显。其中,歌曲成为新的行业主流之一,受到公众的普遍欢迎。

2016年,中国石化为"公众开放日"品牌活动"量身定做"了一首主题歌曲——《Sinopec Open Day》。该主题曲是央企开放日首支"神曲",发布当日点击量破200万,微博热门话题榜第6名,引发网友多个方言版UGC创作热情。该传播引爆空前的参观热潮,极大地提升了活动知名度,亦开启了中国石化品牌创新趋势。目前,该"神曲"网络播放量超过600万次。"神曲"是中国石化"公众开放日"品牌活动的"标配",每一场活动必向来访者播放。

"神曲"讲述了一个爱环保、爱唱Rap的外国人,听说中国有一个企业特别与众不同,不远万里来到这块神奇的土地,亲身体验"Sinopec Open Day",在代言人"油迪"和其众多动物朋友的带领下,这位外国人开始了一场神奇、惊艳、无与伦比的中国石化探秘之旅。"神曲"曲调明快,朗朗上口,以通俗易懂的方式向外界传达中国石化在科技创新、智能制造、绿色环保、多元化产品和服务、国际化经营等方面的做法和成效,体现中国石化创新、绿色、民生的理念和活力亲民形象。

Sinopec Open Day

我是一个老外,对环保特别喜爱。听说最近有个企业,行为非常可爱。

他是中国经济的动脉,大门向世界敞开。就和我一起来到 China,了解 Sinopec。

油迪、翠鸟、白鹭还有大马,我的伙伴真不少,你们准备好了么?

这有许多油田,探秘着智慧的能源,地上海下全方面,还有碧水蓝天。

炼化厂的展厅,科技的感觉很 In,体验智慧小课堂,看 4D 电影放映。

中控室是大脑,智能监管很可靠。安全预警很重要,有事及时报告。

智慧的加油站,易捷店里有特产。加油购物很方便,它是汽车生活的驿站。

你听~

Sinopec Open Day 带你参观带你飞!Sinopec Open Day 这里的环境特别的美!

Sinopec Open Day 因为 we are 伐木累!Sinopec Open Day 绿色生态 最宝贵!

走进生态家园,动植物来检验。个个是环境的监测员,传递环保理念。

污水进化好了,工业排放少了,地沟油变废为宝了,我也是真的醉了。

Sinopec Open Day 带你参观带你飞!Sinopec Open Day 这里的环境特别的美!

Sinopec Open Day 因为 we are 伐木累!Sinopec Open Day 绿色生态 最宝贵!

《Sinopec Open Day》
公众开放日之歌

五、一份"会说话"的标准解说词

怀疑、偏见和谣言传播，总是与认知不充分高度相关。解说词作为企业与公众沟通过程中的主要内容，是有效传递信息和输出价值的关键。

解说词以"公众开放日"品牌活动的主线路为基本框架，将活动各环节串联起来。中国石化以突出主体、突出主题、彰显主张、引导主动、热情助人为工作思路，以标准化、一体化、价值化为指导原则，编制解说词，形成标准模板。各企业在标准模板的框架下，结合自身特点、活动实际，编制企业特有的差异化解说词，围绕主题讲好企业文化小故事，凸显企业特色，并确保每次活动解说内容的一致性和解说质量，避免不同人讲解标准不一的情况。

此外，根据不同的参观对象，中国石化各企业编制专家版、科普版等相应的解说词，使解说词通俗易懂、生动形象、便于参观对象理解并传播。

人更容易被一个好故事而非一个好论证说服。

中国石化公众开放日（镇海炼化站）解说词

参观行程

第一部分 接公众代表	包括介绍参观流程、观看《中国石化宣传片》以及邀请添加"中国石化公众开放日"微信（时间段:08:30~09:30)
第二部分 智慧小课堂	包括石化知识科普和游戏互动（时间段:09:30~10:00)
第三部分 参观公司展厅	途经生活区，下车参观公司展厅（时间段:10:00~10:20)
第四部分 参观厂区	包括在大巴车上沿途讲解，下车参观"百鹭园"、消防支队、乙烯中控室和清净废水回收装置四个站点（时间段:10:20~11:20)
第五部分 问卷调查、留言以及合影	（时间段:11:20~11:30)

第一部分 接公众代表

【HSSE 提醒】

各位来宾,大家上午好,欢迎参加中国石化"公众开放日",您本次参观的站点是镇海炼化站。非常荣幸能陪伴您度过半天的时光,我是中国石化镇海炼化春风志愿讲解队的×××,大家可以叫我小×,在座的各位要是今天有什么要求和问题,可以直接找我。

在您的座位上,我们为您准备了安全帽、参观证、蓝牙耳机、安全须知卡、《参观指南》和矿泉水。首先请大家系好安全带,以保证您的出行安全。为了大家更好地听清楚我的讲解,请各位将座位上的耳麦戴好,打开耳麦的开关,并通过上面的调节轮将音量调节至您感到舒适的音量。如果您的耳机没有声音,请告诉我,我这里有备用的耳机。同时请大家佩戴好参观证,参观证是我们进入厂区的唯一凭证。安全帽呢是在进入生产装置时佩戴的,届时我会提醒大家。

按照中国石化的规定,我们现在进行入厂前的 HSSE 提醒:由于石油石化行业具有高温高压、易燃易爆等特点,所以在进入生产厂区时,请您不要将火源带入。进入厂区后,我们将有专人陪同,请各位在陪同人员引导下,按参观路线沿安全通道行走;如您要进入装置现场,请您关闭手机,并戴好安全帽;在中央控制室参观时,如有需要接听电话,请您到中央控制室外的地方接听;如发生紧急情况,请您跟随工作人员有序撤离到安全区域。我们还为大家配备了随队医生,万一有身体不适的情况,请及时告知。

大家座位上的矿泉水,是我们中国石化自有品牌"易捷卓玛泉",易捷卓玛泉天然冰川水来自于西藏,呈弱碱性,非常适合人体饮用,是 2015 年北京国际田联世界田径锦标赛官方指定用水,"飞人"博尔特也喝过哦,大家可以打开品尝下。

【介绍参观流程】

接下来请大家拿出《参观指南》,我跟大家介绍一下咱们今天的参观行程。我们今天的参观行程是,首先到我们的东海宾馆一起上一堂"智慧能源"课,了解中国石化。接着,带您参观中国石化镇海炼化的公司展厅,了解公司的发展历程。从公司展厅出来我们一起走进生产厂区,下车参观百鹭园、消防支队、乙烯中控室、清净废水回收装置,最后返回东海宾馆进行问卷调查。

【邀请公众添加"中国石化公众开放日"微信】

我们车上的 Wi-Fi 是全覆盖的,大家可以搜索一下。在这里邀请大家一起添加"中国石化公众开放日"的微信公众号,在您正前方的椅背上有二维码,大家可以扫一扫,一会儿在我们的智慧小课堂上可以用到,同时你会发现里面有许多与我们石油石化有关的小游戏,参与到游戏当中来,如果幸运的话,还可以拿走奖品。

通过这个微信号，大家会发现。中国石化已经在 ×× 座城市、×× 家企业持续开展公众开放日活动。在这里我也借机插播一个小广告，就在 2016 年 4 月 22 日，也就是第 47 个"世界地球日"那天，中国石化正式启动了"公众开放日"活动，9 座城市、12 家企业同时"拆墙"迎客，并"倡导绿色简约生活，节约集约利用资源"，这是目前我国工业企业中规模最大的公众开放日活动。9 座城市是北京、上海、广州、重庆、南京、杭州、九江、东营、宁波。12 家企业中，除了我们这一站，还有胜利油田、江汉油田等 11 家企业。活动的目的，就是敞开大门与社会公众零距离沟通。如果大家觉得我们的活动不错，可以推荐给自己的亲朋好友，不管在哪个城市、哪个企业，中国石化都真诚欢迎您！

【观看《中国石化宣传片》】

接下来，我们一起来观看一支短片，带您走进中国石化。

【介绍中国石化】

通过刚才的企业宣传片，相信大家对我们中国石化有了一个初步的了解，那在这里呢，我再给大家简要地补充介绍一下中国石化的相关情况。中国石化成立于 1983 年，是世界一流能源化工公司之一。中国石化主要从事油气勘探与开发、石油炼制和油品销售等业务。中国石化总部位于中国北京，经营范围遍布全球 76 个国家和地区，拥有员工 84.5 万。作为上、中、下游一体化的大型能源化工公司，中国石化在 2017 年《财富》世界 500 强企业中排名第 3 位。而在 1998 年，中国石化在《财富》世界 500 强企业的排名仅第 73 位，中国仅有 7 家企业入围。一个企业的发展速度也是我们国家发展速度的缩影，随着我们国家的日益强大，越来越多的企业走到了世界的前列，2017 年，已经有 115 家中国企业加入到世界 500 强的行列，值得我们所有中国人骄傲和自豪。目前，中国石化炼油能力排名全球第 1 位、加油站数量居全球第 2 位、乙烯生产能力排名全球第 4 位。

当然除了这些，我们的中国石化也是非常洋气的，我们的气质体现在石化的美景上。上游的美在于油田的壮观，中游的美在于人与自然的和谐发展，下游的美则在于它的便捷与智慧，如果您想走进我们的油田和加油站参观，欣赏、了解这些美景，可以通过刚才扫描添加的微信公众号进行报名，中国石化的大门永远向您敞开。

【观看《Sinopec Open Day》】

了解了中国石化的基本情况后，我们要给大家播放一首神曲《Sinopec Open Day》，为什么叫作神曲呢，因为我保证大家听过一遍以后就能学会啦。大家要认真听哦，一会儿我会邀请大家一起唱起来哈（此处可以通过播放歌曲伴奏与大家适当互动）。

各位朋友们，我们即将到达今天参观的第一站智慧小课堂了，请您拿好贵重物品，下车请注意安全。

第二部分 智慧小课堂

各位来宾,大家上午好!欢迎走进中国石化,一起探秘智慧能源。大家今天来到的是中国石化"公众开放日"——镇海炼化站。请允许我做一个自我介绍,我是中国石化镇海炼化春风志愿讲解队的×××,大家可以叫我小×。今天首先来到的是智慧小课堂,希望大家可以带着问题来,带着答案回去哦。

【观看《油迪的秘密》】

一说到石化行业,大家肯定首先想到什么呢?想到石油和石化产品,其实呀,石油已经陪伴了我们一百多年,那大家对石油的身世了解有多少呢,今天我们就走进"智慧小课堂"了解一下石油的前世今生。接下来,请大家一起观看《油迪的秘密》。

【石油是怎样形成的】

相信大家通过这支短片,已经对智慧能源以及石化全产业链有了基本的了解,也对石油有了初步的认识。

首先问大家第一个问题,知道煤炭、石油、天然气分别是怎么形成的吗?其实它们都是来自远古生物遗骸,不同的是,只有陆地环境可以形成煤炭,而石油和天然气却可以同时形成于陆地与海洋两种环境中。生物死亡后在海底或地下腐烂,随洋壳或陆地沉降深埋地下,并经数百万年演化,最终形成石油。石油在形成前,并不是体态庞大的生物,而是那些大量聚集在水域中的微小生物。它们之所以能成为石油的原料,是因为它们体内含有蛋白质和脂肪的比例很高。石油是一种黏稠的液体。根据成分的不同,原油可能呈现出非常丰富的颜色,有深红、金黄、墨绿、黑、褐红,甚至透明的。

【互动游戏一 H5游戏《油迪向前冲》】

那么,我们怎样才能得到宝贵的石油呢,接下来让我们通过一个 H5 小游戏先简单了解一下,大家之前在车上都添加了中国石化"公众开放日"的微信公众号,现在打开探秘石化里的"油迪向前冲"玩通关,看谁用的时间短,谁就可以获得中国石化加油卡一张。

【石油是怎样获得的】

要想获得石油,通过短片我们了解到,需要经过石油勘探、石油开采、石油运输等环节。简单地说勘探就像探宝一样,针对不同的宝藏选择不同的勘探工具和方法。传统的钻井工具"脑筋"比较死板,不够灵光。在地下不会拐弯儿,而现在新型的钻井工具非常聪明,充满了智慧,有非常灵敏的"嗅觉",闻着石油的味道就能找到石油,被称为"最任性的地下机器狗",也有人把它形象地称作"贪吃蛇"。利用钻井设备钻开一口井,现在的高科技钻井设备就像地下变形金刚，钻头在地下可以竖着走、横着走、弯着走，哪里有石油就往哪里走。好，现在我们找到石油了，怎么把它开采出来呢？石油开采简单地说，是利用油层与开采系统的压力差，借助机械设备来实现开采的。就好比你把一根管子插到酸奶袋里，用嘴巴从管口使劲一吸，酸奶就从管子底部流上来了。但是我们把石油开采出来，可能不仅仅像喝酸奶这么简单，需要通过二次开采和三次开采。

【互动游戏二 采油机拼装对抗赛】

接下来，我们真正可以认识采油机的机会来了，邀请6位公众代表，两两搭档，分成三组，哪组可以用最短的时间把采油机拼装完成就获胜，我们奖励一份小礼物。大家不要错过这个认识采油机的机会哦！

【石油炼制】

石油被开采出来了，通过运输来到了炼化厂，那么我们如何炼制呢？炼化企业主要是石油的精加工和深加工，主要产品有成品油，就是我们开车用的汽油柴油，烧饭用的液化气，飞机用的航煤，还有一些化工产品乙烯、丙烯、石蜡等。石油在炼化厂是通过不同的装置得到不同的化工产品。

首先介绍一次加工

石油的一次加工叫常减压蒸馏。其实我们可以理解为烧水的过程，烧水在 100℃ 的时候，会有水蒸气出来，不同的是，石油在加热炉的加热下，不同的温度下，不同的组分会出来（这里大家一定要仔细听哦，仔细听了，奖品就到手了）。小于 30℃ 分离出液化石油气；30~125℃ 分离出石脑油；35~205℃ 分离出汽油；140~260℃ 分离出航空煤油；170~390℃ 分离出柴油；350~520℃ 分离出蜡油；大于 520℃ 的情况下还会分离出渣油。

其次介绍二次加工

石油进行完一次加工后，再进行二次深加工，通常会有合成树脂（塑料）、合成纤维、合成橡胶等产品的生产。石油就经过这样一层一层的"剥离"，最终形成了我们生活中所使用的产品。

刚才我讲解过程中提到在不同温度下，会从原油中提炼出不同的产品，接下来，我们来玩个连线游戏，考考大家的记忆力。

【互动游戏三 石油炼化温度连连看】

正 确 答 案	
小于 30℃	石油气
30~125℃	石脑油
35~205℃	汽油
140~260℃	航空煤油
170~390℃	柴油
350~520℃	蜡油
大于 520℃	渣油

【石油和我们的关系】

我们的衣食住行都离不开石油,然而现实却非常严酷:2010 年,中国超越美国成为世界上最大的能源消费国。2015 年,中国的一次消费能源总量约折合 43 亿吨标准煤,其中石油消费总量超过 5 亿吨,而我国石油资源严重缺乏,现在 60% 的石油需要依靠进口,预计未来这一比例还将持续上升。所以珍惜每一滴石油,低碳生活,刻不容缓!其实环保只是我们的举手之劳,比如乘坐公共交通工具、拒绝塑料袋、少用一次性纸杯、换节能灯泡等,这些行为日积月累的效果也不可小看。你知道吗,平时不用的时候,拔掉家用电器的开关,就能让能源排放减少 10% 甚至更多,这样做既减少了家庭支出,又节约能源。另外,把不需要的衣服捐献给贫困山区的孩子,让旧物再次循环利用。总之,低碳生活就在我们身边,节约资源靠大家!

接下来,我们再来具体地看看究竟石油在我们生活中有多重要,我们来说说矿泉水,从其开采、加工、包装、运输等,各个环节都需要消耗石油。每升矿泉水需要耗费 250 毫升石油。也就是说,你每喝一瓶矿泉水就相当于喝掉了 1/4 瓶石油。

【互动游戏四 现场有奖竞猜】

大家参观了这么久,我来考考大家,看石油在我们生活中的应用。请大家找一找智慧小课堂里和身上的石化衍生产品,谁说得越多,就可以获得奖品。

接着我们将在今天的来宾中找到一位绿色低碳"达人",在平时的生活中,采用了哪些绿色低碳节能措施,比如,我们手绘一个去超市的环保袋,减少塑料袋的使用。那么您有什么措施,请大声说出来,说得越多,措施越好,同样可以拿走今天的奖品。

【小常识分享】

油品升级与节油小知识分享：汽车节省燃油的几点小常识，只要您注意做到，保证省油还增加动力。

第一点，保证进气的畅通，空气滤芯经常拆下来清理，必要时更换，节气门也要常清洗，过脏会直接影响油耗。

第二点，保证油路的清洁，喷油嘴建议 20000 公里清洗一次。同时我们也可以通过减轻车辆载重、平稳行驶等方式做到汽车的节油。同时，我们倡导大家绿色出行、环保出行，多乘坐公共交通工具、每天少开一次车，共同保护我们的环境。我们的智慧小课堂就结束了，接下来请跟随我们的讲解员走进厂区，感受石化企业的生产过程。

第三部分 参观公司展厅

【生活区】（大巴车上）

各位代表，大家上午好，欢迎参加中国石化"公众开放日"，您本次参观的站点是镇海炼化站。首先请大家系好安全带，以保证您的出行安全，现在您已经在中国石化镇海炼化的生活区内了，这里共有7个小区，常住人口过万，超过1/3的人口是退休职工及其家属，他们能选择住在这里是对周边生活环境一个良好的肯定。因为如果您春天来到这里，可以看到桂花、桃花、梨花、栀子花，各种花开。如果秋天来到这里可以闻到桂花香，看到菊花展。大家可以看到，这里树木郁郁葱葱，道路宽敞整洁。大家右手边的"未名园"，是我们休闲的小公园，在这里经常看到老年人打太极，也可以看到小朋友放风筝。您左手边是运动场，这里有室内保龄球馆、羽毛球馆、游泳池、网球场，是广大体育健身爱好者的集结地，我们职工的体育竞技比赛也会定期在这里举行。左手边是影剧院，每周都会有最新的数字电影放映，新年到来之际，还可以陪家人看一场新年音乐会。前面的商业区虽然小，却五脏俱全，人民、工商、建设、农业四大银行以及邮局都在这里有驻点，大家不用走出生活区，就可以完成日常的生活。当然，我们这里还有配套的幼儿园、小学及医院。大家看一下左边是什么啊？这是室外游泳池，一年四季开放，就连冬天的早晨，都有很多人在这里冬泳呢！

大家看，这里就是中国石化镇海炼化的办公大楼，大家请在这里下车，开始参观我们的展厅。大家小心脚下，注意安全。

【参观公司展厅】（由展厅讲解员讲解）

第四部分 参观厂区

【炼油老区】（大巴车上）

由于石化行业有着十分严格的安全规定，请大家下车，依次进行安全检查。如果您携带了打火机、火柴等物品，请将它交予工作人员暂时保管，返程时我们会一一归还。

现在我们已经进入厂区，左手边映入眼帘的几个大字就是我们中国石化的企业使命"为美好生活加油"，在它身后的办公楼是我们建厂初期的办公楼，也是最老的办公楼。建筑风格古朴、大方，记载着镇海炼化的一步步成长，这是那个年代抹不掉的印记。

现在就进入中国石化镇海炼化的炼油老区。大家请看左手边正在进行检修的装置，这就是公司最老的一套装置，已经有41年的历史了，1975年5月23日，就是在这里打下第一根桩，在四十余年的时间里，成长为中国石化的龙头企业。大家看啊，虽然它年龄很大，但是看起来仍然很年轻，那是因为保养得好，就像人需要体检一样，我们的装置也需要定期检修，以前的原油加工能力只有250万吨，现在它的原油加工量每年有800万吨，这是什么概念呢？举个例子，这套装置每年加工的原油能够装满整个西湖，现在镇海炼化的年原油一次加工能力2100多吨，截至2015年中国石化的原油一次加工能力为2.7亿吨。黑乎乎的原油在这里进行物理分离，它的产品大家再熟悉不过，私家车用的汽油，大货车用的柴油，飞机用的煤油等。就好像我们把一堆混合的水果按照大小分成椰子、苹果、葡萄等，这就叫作原油的一次加工。说到汽油和柴油，大家肯定比较熟悉，不知道大家有没有发现，现在虽然车多，但是很少像以前一样闻到浓浓的汽油味了？最主要的原因是我们的油品质量不断升级，中国企业用10年走完了欧美国家二三十年的油品升级路。中国政府要求2016年1月1日起在东部11省市实施"国五"车用汽柴油质量标准，我们中国石化提前3个月全面完成油品升级，并且6家企业提前布局"国六"油品升级，降低SO_2的排放。从2000年到2015年，中国石化已累计投入近3000亿元用于油品质量升级。中国石化始终把加快油品清洁步伐作为应尽的社会责任，履行"每一滴油都是承诺"的社会责任，做到"生产绿色、产品绿色"，让社会"有油用"，让社会"用好油"。

【百鹭园】（下车参观第一站）

您肯定会想，到石化企业来，是不是只能看看交错的管道和巨型的设备呢？其实呀，在中国石化，不仅仅是上一堂智慧能源课，看看各种设备。我们中国石化每个企业还有自己的代言人呢，比如燕山石化的翠鸟，上海石化的大马，洛阳石化的梅花鹿等，那么今天来到镇海炼化，带大家一起参观一下"百鹭园"。为什么叫"百鹭园"呢？因为"百鹭园"里不仅有白鹭，而且白鹭的种类多，数量多。究竟这里有哪些种类的白鹭呢？大家对白鹭的了解有多少呢？一会儿到了可以一展它们的风采了，先向大家透露一点，我们的"百鹭园"

里有一种珍稀品种，全国只有 2000 多只，叫大白鹭，它的身高有 90 厘米，一会儿看看能不能见到真正的大白鹭。白鹭是一种候鸟，每年 3 月底从南方飞来，在我们的小树林里繁衍生息，到 9 月就返回温暖的南方。"百鹭园"占地面积大约有 2200 平方米，这小小的树林隔壁就是液化气装瓶站，而且距离储油罐只有 100 多米。大家可能会感到诧异，这里怎么会有白鹭呢？来自宁波大学海洋学院的教授谢志浩这样解读："鹭鸟选择繁殖地有三个必要条件：茂密的植物、稳定的水源和充足的食物。"白鹭是大自然的生态检验师，选择在这里安家自有道理。大家一路上也都看到了厂区茂密的植被，厂区内沟渠和附近海边滩涂里的小鱼、小虾也为白鹭提供了丰富的食物。大家请看，有一群白鹭飞起来了，它们在欢迎我们！现在我带大家一起来认识白鹭的种类，大家请看：那脖子上有黄色羽毛的叫作牛背鹭，背上有一道黑色羽毛的叫作夜鹭，还有全部都是灰色羽毛的是池鹭，之前提到的个头儿接近一米的白鹭，叫大白鹭，它属于珍稀品种。每年，成百上千只的鹭鸟在这里安家筑巢，把这里当成了自己的家园。大家可以排队上去参观，近距离观察白鹭的生活。

白鹭现在已经是大明星了，以它们为背景拍摄的首支公益广告登陆央视，同时，它们也飞进鸟巢，为世界田径锦标赛加油，传播"能源和环境"和谐共生的环保理念，为中国石化绿色发展代言。

【中间储罐】（大巴车上）

现在左右两边圆桶一样的设备，叫作中间储罐，罐里装的就是我们之前提到过生产出来的汽油、煤油、柴油等，这种大小油罐共有 360 个，容积超过 350 万立方米，这也是我们"大仓储"的由来。

【硫黄装置】（大巴车上）

硫黄皂大家都知道吧，家里现在还有没有用？即使您没用过也该听说过，还有医药、农药、燃料、烟花爆竹等都离不开一种东西，它叫作硫黄。您左手边的这套装置就是生产硫黄的装置，它就是将硫化氢这种废气经过加工变成硫黄，因此它也是一套环保装置。

【铁路】（大巴车上）

我们马上就要穿过一条铁路，我们的厂区铁路，厂区专线长 30 公里，承担近 20% 的成品油和部分固体产品的出厂任务，我们中国石化自己生产的沥青就是通过这条铁路运输出去，值得我们骄傲的是，我们的沥青铺上上海 F1 赛道，铺到海外，铺上了西藏拉萨至林芝的高速公路。

【原油罐】（大巴车上）

　　大家请往左手边看，这里的储罐叫作原油罐，每个都有 5 万立方米的储量。这里面储存的就是黑乎乎、黏糊糊的原油。这些原油是怎么到这里的呢？在 18 公里外的北仑算山码头，来自中东国家的大油轮在那里停靠，再通过输油管道，运送到这里进行暂时储存。在码头，还有 10 万立方米的储罐，储罐的截面积超过了一个足球场，非常壮观。

【消防支队】（下车参观第二站）

　　2015 年的天津危险化学品爆炸后，大家都说"最帅的逆行就是消防战士的背影"，确实是，因为对他们来说"险情就是命令，时间就是生命"。还记得前几天的江苏靖江化工品仓储点发生火灾，我们中国石化的上海高桥石化，金陵石化，仪征化纤一起派出消防官兵扑灭了火灾。所以，在中国石化，消防官兵不仅承担着自己企业的消防任务，还要去支援地方救援。在我们镇海炼化，也有一支这样的消防队，被称作是浙江省规模最大，设备最精的专职消防队。据统计，我们的消防队先后参与社会抢险 300 多次，是华东地区危险化学品的骨干力量，被周边的老百姓亲切地称为"安全生产的守护神"。正是因为他们严格、科学的训练，连续 22 年获得宁波市消防技术比武第一名，在 2015 年首届全国危险化学品竞赛中，与来自全国各省市和中央企业的 33 支劲旅同场竞技，最终荣膺亚军。作为他们的同事，为他们的辛苦付出以及取得的成绩感到自豪，作为住在周边的一名普通公众，因为他们的守护感到特别的安心。前方就是公司的消防队。我们的消防战士已整装待发，准备为大家进行一场精彩的消防演练。在这里大家不需要戴安全帽，请各位戴好耳麦，下车参观。

【乙烯中控室】（下车参观第三站）

　　不知大家是否听说过"乙烯"这个物质呢？乙烯是世界上产量最大的化学产品之一，乙烯工业是石油化工的核心，乙烯产品占石化产品的 75% 以上，在国民中占有重要的地位。世界上已将乙烯产量作为衡量一个国家石油化工水平的重要标志之一。我国的乙烯产能在近 10 年也有了迅猛发展，在全球排名第二，仅次于美国。2015 年，我国乙烯市场产量达 1714.6 万吨，中国石化全年乙烯产量 1112 万吨，位列亚洲第一，世界第四。乙烯关系到我们生活中的方方面面，既然这么重要，接下来一起走进生产乙烯的地方，也是我们即将要参观的化工第一联合控制室，把它称作乙烯装置的"大脑"。在这里，可以近距离地接触咱们一线的员工，一起听"机长梦"的故事。在这里有一个小小的提醒，由于中控室不能使用手机，如果大家需要接听电话，可以到门口的走廊里使用。这里不用佩戴安全帽，请大家下车，注意安全！

　　欢迎大家来到中国石化镇海炼化第一联合控制室，这里有 8 套生产装置，都由眼前的电脑控制。您看到的电脑上都是些线条、数字，不过它确实是对应着外面的各种设备，不同的是外面设备中原料经历了高温再冷却、加压再精制等轰轰烈烈的场面，而反映在电脑上的不过是些数字。我们操作员只要在电脑上输入数据，外面的庞然大物就会言听计从，好比四两拨千斤。所以，中控室的智能监管功能，就像人的大脑一样，监管着外面装置的自动化生产。上次清华大学的学子来到这里参观之后把这里称为"卫星发射中心"，其实我想把我们这里的内操人员比作是"机长"，外操人员比作是"机械师"。您听到一定会说，这怎么可能，机长可都是"高富帅"。在这里，我们先不谈颜值，来看看最近比较流行的"气质"美。据我们了解，普通的波音737飞机价值约6亿元，空中巨无霸空客A380，价值近3亿美元，那么再来看看我们这里，我们石油石化行业是资金密集型行业，就拿镇海炼化来讲，一般装置投资在3亿~5亿元，接近普通波音737的价值。而乙烯裂解装置40多亿元，很多装置的价值已经超过了A380。机长掌控一辆飞机，我们操控好几套装置。我们再来看技术，您可能觉得我们的这个操作特别简单，只需要坐在电脑前就可以了，其实不是，要成为一个合格的内操员，就像他们一样，大约需要5年的时间，期间要经过严格的考试和选拔，就像成为一个优秀的机长，也是大约需要五年的时间一样。所以说，论技术的先进性，我们的"气质"仍然不输机长。机长驾驶一辆飞机是为了安全到达目的地，为乘客提供安全的驾乘体验，而我们呢，生产出了开车用的汽柴油，让地沟油变成航煤，让沥青铺上世界脊屋，论社会贡献，是不是也可以和帅帅的机长比一下呢？如果您对我们有兴趣，欢迎年轻的朋友们有机会来中国石化圆"机长梦"，我们在这里等您。

【乙烯装置区】（大巴车上）

现在您看到的就是乙烯工程的罐区和各个生产装置。您可能会问我，为什么这里地面上覆盖的是小石子，而不是用植被绿化呢？请您不要担心，不是因为这里环境长不了植被，而是有其他的原因：一是100万吨/年乙烯装置是2006年开始建设的，是目前国内规模最大、技术最先进、国产化程度最高的乙烯工程。按照国际化的标准，装置外围需用石子代替绿色植被。二是基于安全考虑。老区装置地下管道较少，而新区装置地下布满了管线和各种电缆、光缆，植被的生长可能会影响这些设施，而且对维护检修也造成了不便。也有人会问了，你们新装置就不做绿化了吗？答案当然是否定的，我们在装置的外面，种植了一大片防护林，努力打造一个"生态型企业、花园式工厂"。右手边穿过围墙您会看到大片防护林，它是乙烯工程的配套项目，占地约35公顷，它可以防沙固土、净化空气。您看防护林离我们有一段距离，这是为安全防火等因素而设置的28米缓冲距离。

【"白烟"解释】（大巴车上）

大家看这里的白汽，这是什么呢？有人说经过舟山跨海大桥，看到你们冒白烟，其实啊，这是水蒸气，就好像您家里的水壶，水烧开时就会冒出白汽。这其实就是水，对环境没有任何污染。冒出污染物的烟囱和这里是完全不一样的形态。大家不要担心哦。

这里就是乙烯工程的龙头——乙烯裂解炉，这些炉子里有超过 1000°C 的高温呢。汽油等分子就是在这里裂化成更小的分子，成为乙烯。

【清净废水回收装置】（下车参观第四站）

接下来带您下车参观的最后一站是有"工业的肾脏"之称的污水处理区，我们都知道，人的身体需要肾脏正常排毒，石化企业也是如此。我们马上要近距离观察一套真正的环保装置——清净废水回收装置。在这里，炼油产生的废水处理后可以变成"纯净水"，洁净到可以饮用。大家如果有兴趣，可以尝尝这里的水，感受这个水与平常喝的"娃哈哈"水有什么区别。请大家下车之前佩戴好安全帽，跟随工作人员进行参观。

企业节水工作，可以简单地归结为"节水减排，开源节流"八个字，节水减排就如家里的淘米水再用于洗菜，我们企业里面也有很多这样串级用水的设施。清洁废水即为我们生产装置区域收集起来的未受污染或者受轻微污染的假定净水。清洁废水回用是企业的一项重要节水措施，清洁废水回收装置是一套"开源节流"的装置。它把企业里直接外排大海的清洁废水收集起来，通过相应的工艺，变成非常纯净的水。所以，我们的水有的回用、有的用来养鱼，真正实现废水的"零排放"。

【返程】（大巴车上）

到这里，我们需要下车参观的地方就结束了，大家可以把安全帽摘下来了，当然，如果您还想再体验一会石化工人的工作，可以继续戴着哦。

【柴油加氢装置】（大巴车上）

我们之前介绍的油品质量升级，就是通过这几套柴油加氢装置完成的。为了满足国家提出的更严格的质量要求，我们不断对这些装置进行改造升级，从而将柴油中的硫、氮等有害物质减少到最低，这样汽车的尾气中有害物质就会减少，从而使空气质量更好。

【风向标】（大巴车上）

您抬头看那个小红旗，它被称作我们装置的风向标，看它就知道风的方向，便于一些日常操作，更有利于突发事故下人员的撤离、疏散和救援。看似简单又不起眼的小东西，却遍布公司角角落落，不但指示风的方向，也为安全生产指明方向。突发事件应急处置是石化行业最为关注的，我们中国石化在应急处理方面与地方相关部门信息共享，一旦发生异常情况，立即启动相应预案，并及时汇报地方政府主管部门，在其监督、指导下执行应急处理程序，以人为本，将危害降到最低。

【建设花园式工厂】（大巴车上）

不知道您有没有注意路边的花草树木，一路上都有它们的身影。在我们走过的路上，两旁多为宁波的市树——香樟，香樟下面还有冬青和红叶石楠。因为炼化行业具有易燃易爆的特点，架在空中的管线下面、埋在地下的管线上面都不能种树，多种植以麦冬为主的草本植物，在其附近适当种植低矮灌木，有栀子、石榴、桂花、橘子等，每当春回大地的时候，橘子花、石榴花、栀子花、桂花一路陪我们直到秋末。40多年的发展历程中，中国石化镇海炼化坚持打造生态型企业、花园式工厂，目前公司绿化率达到42%。

【推介宁波】（大巴车上）

宁波历史文化悠久，早在7000年前，这里就有灿烂的河姆渡文化，直到今天宁波依旧繁荣，是典型的江南水乡兼海港城市，"海上丝绸之路"重要节点。宁波是长三角的五大区域中心之一，浙江省经济中心，宁波商帮曾是中国十大商帮之一，兴起于明代中晚期，以创办同仁堂的乐显扬为代表，"二战"后，宁波商帮转战中国香港、北美，以包玉刚、邵逸夫为代表。宁波还有很多文化古迹、旅游名胜，除了闻名两岸三地的溪口古镇，还有很多古道名山，如四明山、九峰山、九龙湖等。我们中国石化镇海炼化有幸坐落在宁波这个文化底蕴深厚的城市，去承担一个大企业应该承担的责任，一起为美好生活加油是我们不变的追求。

【结合不同的人群讲一些不同的故事】(大巴车上)

【结束】(大巴车上)

　　今天我们的中国石化参观之旅厂区站就到此结束了,我们要回到智慧小课堂进行一些问卷调查等活动,还准备了工作餐。请大家下车时将安全帽、耳机和参观证都留在座位上。请大家下车,注意安全!

【结束语】(大巴车上)

　　非常荣幸您今天有时间走进中国石化,不知道您参观完对我们的中国石化有多少了解,但是希望您把最真实的中国石化传递给更多的人,也希望下次您可以带着您的家人一起走进我们中国石化的更多企业。如果大家觉得我们的活动不错,可以推荐给自己的亲朋好友。中国石化已经在××座城市、××家企业持续开展公众开放日活动。不管在哪个城市、哪个企业,中国石化都将真诚欢迎您!期待与您再次相约!

　　祝您生活愉快,天天开心。

● 第五部分 问卷调查

　　非常开心可以在这里和大家相遇,希望这次的石化之旅可以成为一次简单的"科普之旅,绿色之旅,智慧之旅"。感谢您写下的每一句祝福,每一条建议,我们会继续努力,做一个让大家放心的石化企业。

六、一个整合传播的交流平台

微信等新媒体伴随着移动互联网时代的到来极大地改变了新闻传播的格局。如今,微信已成为人们获取信息,实现人际沟通交流的重要工具。

中国石化运用"互联网+新媒体"传播优势,于 2016 年建立"公众开放日"品牌活动官方微信平台——"中国石化公众开放日",整合传播活动信息,增强与公众的互动。

官方微信平台设置活动报名、科普知识问答、互动游戏、意见反馈等环节,提升活动线上体验感;实时发布活动新闻信息,推动"公众开放日"品牌活动传播常态化、便捷化。

官方微信平台

中国石化公众开放日

七、一本可复制的活动指导手册

中国石化制定并下发《中国石化公众开放日品牌活动指导手册》，从活动理念、活动筹备、活动接待、活动流程、活动话术等方面明确公众开放日品牌活动具体操作办法和实施细则。一方面，指导已开展活动的所属企业统一、规范使用，促进品牌建设；另一方面，指导第一次开展活动的所属企业进行活动的筹备、组织、实施等。

八、一个具有特殊意义的固定活动日

生活需要仪式感，事件营销更是如此。仪式化场域通过一个固定的时间，呈现不同于日常生活的场景，以承载特定的主题，并反映此一主题下人与人、人与物的关系。

自 2016 年将原先由各企业自行组织的"开门开放办企业"主题活动，整合成集团层面的统一品牌活动以来，中国石化在全系统规划统一活动时间及频率，确定每年值"世界地球日"之际，即 4 月 22 日左右启动"探秘智慧能源——中国石化公众开放日"大型品牌活动，各企业以每月一次或每周一次的频率举办活动。

2012 年	各所属企业自行组织"公众开放日"主题活动	全系统首次组织开展"开门开放办企业"活动
2016 年	"公众开放日"由主题活动向集团层面的统一品牌活动转型升级	4 月 22 日，启动第一季"探秘智慧能源——中国石化公众开放日"品牌活动，12 家企业，9 个城市，同时"拆墙迎客"
2017 年	中国石化"公众开放日"品牌活动创新升级	4 月 21 日，启动第二季"探秘智慧能源——中国石化公众开放日"品牌活动，30 家企业，24 个城市，同时开门开放
2018 年	中国石化"公众开放日"品牌活动继续创新升级	4 月 23 日，继续升级开展第三季"探秘智慧能源——中国石化公众开放日"品牌活动，50 家企业，36 个城市，同步启动活动

第四章 Chapter 4
如何在一家企业推进落地

再完善的顶层设计，如果不进行落实，也会变成空中楼阁。

对于中国石化而言，标准化、程序化、统一化的运作模式是推进"公众开放日"品牌活动实施的重要保证。

经过多年的经验积累，中国石化总结出落地"公众开放日"品牌活动的关键点在于活动流程设计、讲解员队伍建设、内外部资源协调、活动传播设计、利益相关方沟通，从五个方面不断优化、细化"公众开放日"品牌活动，并固化活动实践指南和操作模式，指导各企业组织开展"公众开放日"品牌活动。

一、"量身定制"差异化流程

差异化流程，是指上游、中游、下游不同产业领域结合企业生产经营、企业特色实践等特点，安排差异化的参观实践板块。上游板块油田企业组织公众参观展厅、生产指挥中心、油田、生态中心等，体验智能开采、绿色开采、安全集输等；中游板块炼化企业组织公众参观展厅、中控室、作业区、消防中心、污水处理中心、生态中心等，体验智能炼化、绿色炼化、安全炼化等；下游板块销售企业组织公众参观油罐区、质检室、加油站、影展区、易捷便利店等，体验智能储运、品质油品、优质服务等。

分属领域	智慧油田			智慧工厂			智慧加油站		
核心信息	石化精神								
	智能开采	绿色开采	安全集输	智能炼化	绿色炼化	安全炼化	智能储运	品质油品	优质服务
开放要点	生产管控中心	绿色油田	集输站	中控室	污水处理厂	消防中心	油罐区	质量检测中心	加油站
	勘探开采现场	油田周边绿色环境			生产区		加油站		易捷
					生态中心				
	企业展馆						员工生活区/影展区		

* 中国石化"公众开放日"品牌活动重点展示内容

智慧油田参观流程

时间	事项		内容
15:10~15:30		展厅参观	油田历史、勘探开发
15:30~15:50	[勘采实践小队]参观	智能生产管控中心	企业油田介绍、勘探开采介绍、智能化开采演示、解答参观者提问
15:50~16:10		油田参观	
16:10~16:20	返回	[智慧小课堂]场地集合	
16:20~16:40	留言、领取纪念品	参观感受留言	
		领取小礼品	
		合影	
16:40~17:00	返程	送到集合地	

* 公众在西北石油局一起探秘"石油的秘密"

第四章 如何在一家企业推进落地

智慧工厂参观流程

时间	事项	内容	
15:10~15:30	[炼化实践小队]参观	展厅参观	石化历史、石化精神展示
15:30~15:50		炼化厂区参观	
15:50~16:10		污水处理厂参观	水质测试
		生态中心参观拍照	
		参观消防安全中心	定期举办消防安全演习参观
16:10~16:20	返回	[智慧小课堂]场地集合	
16:20~16:40	留言、领取纪念品	参观感受留言	
		领取小礼品	
		合影	
16:40~17:00	返程	送到集合地	

* 公众参观塔河炼化中心控制室

智慧加油站参观流程

时间	事项	内容	
15:10~15:30	[乐活实践小队]参观	质检室参观	
15:30~15:50		油库参观	
15:50~16:00		到达加油站	
16:00~16:40		加油站参观	加油机拆解演示
			公平罐演示
			上游、中游优秀摄影作品展览赏析
			生活站参观
16:40~17:00	[智慧石化乐活班]	参观感受留言	
		领取小礼品	
		合影	
17:00~17:20	返程	送到集合地	

* 公众在广东石油加油站现场参观和体验"发卡充值一体机"

在实际工作中，中国石化各企业亦结合参观对象的特征和需求，设计参观线路和参观内容，创新"公众开放日"品牌活动形式，凸显企业亮点，以提升参观体验，促使公众更加深刻地感受智慧油田、智慧工厂、智慧加油站的风采。如，河南石油邀请公众用 VR 体验油库灭火，身临其境；仪征化纤向公众展示石油变棉花的过程，受到欢迎；川维厂向公众重点介绍溶水纤维入水即化、人民币撕不开等是因为有中国石化的产品在里面，通俗易懂且自带科技感，颇受参观团队欢迎。

二、打造"专家型＋高亲和力"的讲解员队伍

"公众开放日"品牌活动能否取得实效的重点在于讲解,而讲解员是成败的关键。作为企业对外沟通的名片,讲解员代表着企业形象,讲解服务的水平和质量直接影响着公众参观体验质量。中国石化不断完善解说员管理与建设,招募形象好、气质佳、沟通能力强的员工志愿者,组建兼职解说员队伍,利用工余时间参与活动讲解服务;举办讲解培训,对解说员进行礼仪规范、着装要求、讲解技巧、语言能力等的培训,提升解说员专业素养、讲解技能、沟通技巧;组织讲解大赛,发现和选拔优秀员工加入到解说员队伍中,充实力量。同时,通过参加比赛和评选,提升个人能力和自信心、自豪感,实现自我价值。截至 2018 年 4 月,中国石化"公众开放日"品牌活动解说员队伍人数达 800 余人。

* 镇海炼化"春风"青年志愿讲解服务队

三、整合多方资源"为我所用"

中国石化"公众开放日"品牌活动是一项系统性工程，需要凝聚多方力量，整合多方资源共同推进。从内部而言，活动由宣传部或新闻中心牵头，安全、环保、消防、生产运行、行政、保卫等多个部门共同参与，职责明确，分工清晰，联合协作，形成部门联动、深度融合的工作格局。在实际工作中，各所属企业根据实际情况，建立"公众开放日"品牌活动工作微信群，通报相关部门的动态信息，加强工作沟通，确保活动顺利推进。从外部而言，中国石化加强同政府、科研机构、高等院校、媒体等相关机构的联系，及时掌握参观对象情况，针对不同群体，科学安排行程和解说，并做好答疑工作，提升活动的有效性。

一支强有力的运行团队是"公众开放日"品牌活动高质量开展的根本保证。中国石化各所属企业的活动运行团队主要由牵头负责人、讲解员、专业答疑人员、司机等构成，团队分工协作，形成合力。牵头负责人主要负责每期活动的统筹、策划、协调；讲解员是团队的核心，主要负责向公众解说活动各个环节的内容，是连接企业与公众的桥梁和纽带；专业答疑人员主要是根据活动实际需要，在参观过程中安排安全环保等专业人员与公众代表进行沟通交流，回答公众代表的问题，进行解疑释惑；司机主要负责接送访客，选配综合素质高、服务态度好的司机参与"公众开放日"服务。中国石化各所属企业定期安排相关培训，提升各类人员专业素养和沟通技巧，促进活动高效率、高质量开展。

四、打好线上线下传播"组合拳"

中国石化努力打造线下传播与线上传播结合的"公众开放日"品牌活动多元化传播模式,打好活动宣传"组合拳",形成合力,集中传播、立体传播,提升传播内容的广度和深度,让企业宣传更具公信力和影响力。

线下传播	<ul><li>注重发挥"名人"效应,策划活动亮点,邀请文体明星、公众人物、"网红"、传媒和学校师生等各类有影响力的群体参加活动,带动活动口碑传播</li><li>主动邀请地方宣传部门领导参加活动,提升活动传播影响力</li></ul>
线上传播	<ul><li>主动邀请中央、地方、国际主流媒体参加活动,如新华社、《人民日报》《美国华尔街日报》《法国回声报》、地方电视台等,开展专题报道,强化正面舆论引导;利用微博、微信、博客、论坛、抖音等社交媒体,扩大活动传播广度</li><li>利用中国石化全系统微博、微信、Facebook、Twitter、网站等新媒体传播矩阵,并与全系统期刊、杂志各类媒介及时联动,推进活动传播常态化</li><li>尝试视频直播、"网红"直播等新的传播形式,让更多的人足不出户便可以网上参观</li></ul>

CASE
案例

策划一场反响空前的启动仪式和持续传播

2018年4月20日,在第49个"世界地球日"前夕,"国企开放日"观摩推进会暨中国石化公众开放日第三季正式启动,分布在国内36座城市的50家所属企业联合启动,这是中国石化最大规模的开门开放办企业活动。

本次活动涉及地域最广、城市最多、参与企业最多、参与人数最多、创新亮点最多、影响力最大,形成规模化传播效果,传播覆盖人数破亿。如在本次活动中,嘻哈版《Sinopec Open Day》闪亮登场,改编后的"公众开放日"神曲节奏感更强,搭配街舞,动感十足,现场反响热烈。此外,活动还开发设计了日记本、乐高玩具、防丢钥匙扣等吉祥物"油迪"延伸产品,受到公众喜爱。同时,江苏油田、九江石化等10家所属企业进行"网红"直播,3小时网上直播观看量突破1000万人,形成区域连片、彼此呼应的传播效果。

* 人民网报道   * 《华尔街日报》美国版财经版面头条报道

* 阅读量超过1000万的报道

五、影响有影响力的人和未来有影响力的人

舆论风起于四面八方,构建组织和公众的关系生态在当今多元对话、去中心化的互联网时代尤为重要。"影响有影响力的人""影响未来有影响力的人"是中国石化公众开放日品牌活动邀请参观对象遵循的一项原则。

在"公众开放日"品牌活动实际开展过程中,中国石化注重加强与社区、政府、合作伙伴、专家、学生、媒体等各利益相关方的沟通,并针对不同利益相关方,推出不同形式的参观或专题活动,增进对企业生产经营、企业文化和价值追求的了解,提升企业品牌认知度和品牌美誉度。

（一）社区

社区居民是中国石化"公众开放日"品牌活动的重点开放对象之一，通过邀请社区居民走进企业，实地参观油田、工厂、加油站，深入了解企业安全环保情况，帮助消除疑虑，改善企业与社区的关系，助力企地和谐共建。

（二）政府

中国石化邀请政府官员、人大代表、政协委员，以及各地市的能源、环保、安全、质量计量监督等主管部门领导来到企业实地参观、考察、交流，深入了解企业经营理念与运营情况、企业发展对当地经济的支持拉动，对当地社会环境发展的贡献，密切企业与政府的关系。

（三）合作伙伴

中国石化邀请境内外重点客户、车主群体、产业链合作伙伴等实地参观企业，深入了解企业经营理念、企业实力、产品类别、产品质量、客户服务等，零距离感受企业科学严格的管理文化，为开拓市场、提质增效、达成合作奠定基础。如，销售企业通过"公众开放日"品牌活动，向参观者介绍成品油数量和质量、油品储运、油品销售、节约用油、合理使用油品添加剂等内容，让参观者更加放心地使用产品。

（四）专家

中国石化邀请行业专家、意见领袖、社会监督员、行业协会代表等实地参观企业，深入了解企业在科技创新、智能制造、产品创新、销售服务、企业管理等方面的做法和成效，提升活动行业影响力。如，中国石化江汉油田集中邀请中国工程院、科学院 30 名院士参观涪陵页岩气田，通过他们的权威评价，有力消除了页岩气开发之初存在的"真假论"质疑。

（五）学生

学生是未来的希望。中国石化邀请小学生、中学生、大学生等不同学生群体实地参观企业，并通过设计不同的参观路线、采用不同的讲解方式，向学生普及石油化工业知识，助力教育事业发展。

（六）媒体

中国石化邀请中央、地方、境外等主流媒体，实地参观企业，挖掘履责亮点，开展专题报道，客观、公正地发出正面声音，宣传中国石化创新、绿色、民生的企业形象。

*外媒参观采访涪陵页岩气田

74 | 沟通创造价值
CREATING VALUE THROUGH COMMUNICATION

第五章
Chapter 5
如何在集团层面推进落地

中国石化"公众开放日"品牌活动的目标是通过 2~3 年时间，打造成公司与社会沟通的标志性品牌活动，但实现这一目标并不是一蹴而就的。

公共关系学认为，公共关系活动过程的最基本特征是有序的多次循环往复的发展运动，这种循环不是封闭的环状运动，而是螺旋式的上升运动。

因此，在集团全系统推进"公众开放日"品牌活动的实施，且实现活动目标，需要制定策略和精心策划，即优化活动组织、把握关键节点、分批逐步实现，做好统筹安排，循序渐进，以推动活动高质量开展。

一、系统推进，形成"横向联动，纵向联通"的组织机制

中国石化建立"横向联动，纵向联通"的"公众开放日"品牌活动组织机制，从上到下层层推进，各部门密切配合，从组织上保障活动的高效开展。

由集团党组分管领导指导"公众开放日"品牌活动，宣传工作部为归口管理部门，负责活动统筹、协调与推进，各职能部门根据职责划分给予支持。

各企业党委主要领导主抓活动，由宣传部或新闻中心等作为牵头部门，筹划、制订方案、负责实施，各职能部门和单位密切配合，共同协作，共同搭建"横向联动"机制。

宣传工作部定期听取各所属企业活动牵头部门的工作汇报，并给予相关的指导和评价，建立"纵向联通"机制。

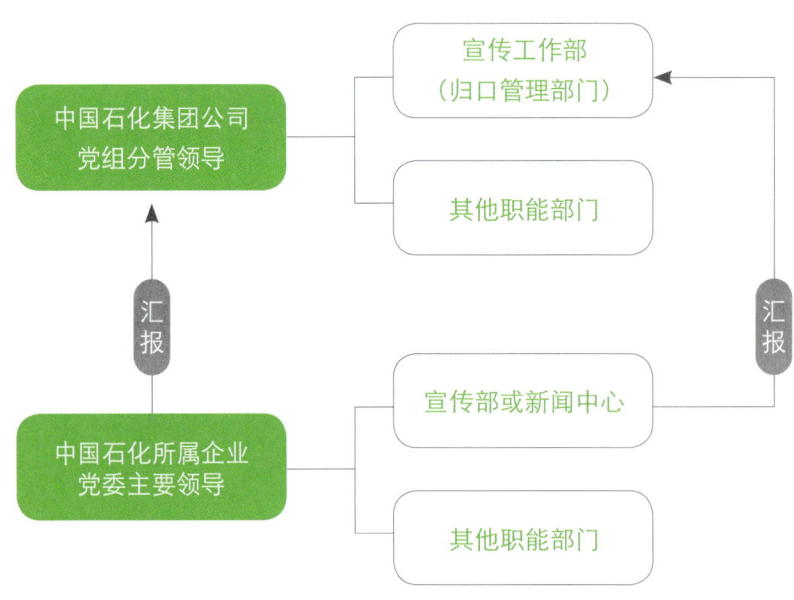

* 中国石化"公众开放日"品牌活动组织构架

二、关键节点，抓好"两会一训一测试"

以"4·22"启动仪式为标志性节点，中国石化集团公司宣传工作部统筹协调各企业推进"公众开放日"品牌活动，控制"两会一训一测试"关键节点，掌握工作节奏，保证各企业活动准点实施、有条不紊，做到"有思路、有套路"。

所谓"两会一训一测试"，第一个会是每年 10~11 月召开的"总结推进会"，选定新增公众开放日活动示范单位，现场观摩参观活动，总结上年工作情况，安排部署下年（季）工作，并紧盯关键节点，保证准点提交活动流程和解说词；第二个会是每年 3 月底 4 月初的"4·22"启动仪式动员会；一训是每年 2 月的解说员培训，非常受欢迎，报名火爆；一测试是指每年 3 月时各新加入的示范单位的活动测试运行。

上一年	10~11 月	总结推进会
今年	2 月	解说员培训
	3 月	新入示范单位的活动测试运行
	3 月底 4 月初	启动仪式动员会

三、示范引领，用好模范企业"帮带"活动

中国石化从上游、中游、下游不同产业领域分类打造"公众开放日"品牌活动标杆企业，发挥示范效应，引领带动其他成员企业沟通和学习，以点带面，在传承中创新，以更好地推进"公众开放日"品牌活动的实施。

中国石化"公众开放日"品牌活动第一季示范单位仅有12家单位，第二季增加到30家，第三季继续增加到50家。从第二季开始，按照业务板块相同、地域接近原则，分组请第一季的示范单位结对帮扶第二季示范单位，请第一、第二季示范单位结对帮扶第三季示范单位，从参观流程拟定、解说词修改到活动测试运行全程跟踪指导服务，既促进了企业间的沟通交流、互帮互助，又提升了工作效率。

第一季示范单位（2016年评选12家企业）	
上游：油田企业	胜利油田、江汉油田
中游：炼化企业	镇海炼化、燕山石化、上海石化、金陵石化、扬子石化、九江石化
下游：销售企业	北京石油、上海石油、浙江石油、广东石油

第二季示范单位（2017年评选18家企业）	
上游：油田企业	中原油田
中游：炼化企业	齐鲁石化、茂名石化、天津石化、武汉石化、洛阳石化、安庆石化、中原石化、长岭炼化、石家庄炼化、济南炼化、仪征化纤、川维厂、湖北化肥
下游：销售企业	江苏石油、江西石油、河南石油、湖南石油

第三季示范单位（2018年评选20家企业）	
上游：油田企业	西北石油局、西南石油局、河南油田、江苏油田、华北石油局、华东石油局
中游：炼化企业	广州石化、塔河炼化、荆门石化、高桥石化、南化公司、北海炼化、青岛炼化
下游：销售企业	山东石油、青海石油、云南石油、广西石油、四川石油、湖北石油、天津石油

四、典型案例，
及时总结优秀经验并复制推广

2016 年推进"公众开放日"品牌活动以来，50 家示范企业在实践中探索，总结出了具有产业链特点、企业特色的活动操作方式方法，形成优秀典型案例，为中国石化全系统企业，乃至其他行业企业开展开门办企业活动提供经验借鉴。

上游 油田企业："嗅觉"灵敏的智慧油田

油田企业是中国石化上游产业链的主体，主要经营石油与天然气勘探开发业务。中国石化所属油田企业积极推进科技创新、工业化与信息化融合，努力建设智能油气田，以智能化提升生产优化运行水平，实现高效、安全、绿色勘探开发。"十三五"期间，中国石化将加快推进智能油气田建设，建成 3~5 个智能油气田示范区。

因此，油田企业在策划"公众开放日"品牌活动时，把创新技术、安全环保等方面的做法和成效作为向公众展示的重要内容，精心设计活动流程，精准邀请参观对象，让公众切身体验智慧油田的风采。

1. 胜利油田：开门开放办企业，全方位彰显国企责任

中国石化胜利油田是中国石化第一大油气田，主要从事石油天然气勘探开发、石油工程技术服务、油气深加工、矿区服务等业务，因复杂的地质开采条件被称为石油地质"大观园"和"博物馆"。

胜利油田将"公众开放日"品牌活动作为接受社会监督、促进企业发展的有效形式，优选 40 余个对外展示窗口，建设精品开放线路，形成了上下一体化联动、常态化开放的长效机制。自 2012 年组织举办"公众开放日"活动以来，邀请驻地全国全省人大代表和政协要员、政府官员、兄弟企业代表以及新闻媒体、社会资深自媒体人及公众等 3000 余人走进施工现场、生产一线，感受企业发展变化，了解油田在践行政治责任、经济责任、社会责任方面所做的努力以及取得的成绩，提出意见建议，促进油田发展的同时，较好地对外展示了中国石化负责任的国企形象。

活动特征

搭建"六个一"活动载体，彰显国企良好品牌声誉

进一个场所 看一次展览	公众不同、路线有别。以坚持贴近受众、贴近主题、贴近实际为原则，根据参观公众群体特点选择不同的参观场所，制定标准路线、媒体路线、政府路线三条路线。标准路线除向公众传播中国石化先进企业经营理念，普及全产业链知识外，主要体现先进采油科技和智能油田建设。媒体路线更多展示中国石化安全环保理念和民生责任贡献。政府路线侧重展示中国石化安全环保理念和智慧采油先进科技
听一次讲解 做一个交流	精准讲解、互动沟通。除安排专业讲解员外，引入志愿服务团队，协同负责点对点向参观人员介绍情况，强化沟通交流，让参观人员更透彻地了解和感受到中国石化的优良传统作风和精细严谨的工作态度。在讲解词中穿插感人、动情的小故事，通过身边人、身边事让参观者切身感受到"为美好生活加油"的企业愿景和石化员工良好形象。此外，针对不同参观人员，准备不同风格的讲解内容，力求"朴实、通俗"，让大家听得懂、记得住、有感触，确保活动实效
拍一张合影 留一份纪念	留存记忆，延续感情。在做好"一团一方案"的基础上，通过真心欢迎、用心策划、贴心接待的"三心"服务，让每次活动都成为一次愉快的旅程。为让公众保留下这美好的记忆，坚持每次安排专业摄影记者组织拍一张合影，点对点提供给参观公众。让受邀的新闻媒体人、在校大学生、地方政府工作人员等有影响力的人深深记住中国石化、更加关注中国石化、始终支持中国石化，努力把每一名参观代表培育成中国石化品牌宣传的"扩音器"

2. 江汉油田：展气田"芳容"，赢公众"芳心"

中国石化江汉油田高效开发涪陵页岩气田，截至 2018 年 10 月，累计探明储量 6008 亿立方米，日产气达 1697 万立方米，相当于每天为 3400 万户家庭提供生活用气，已建设成为全球除北美之外最大的页岩气田和中国首个国家级页岩气示范区。

2014 年，江汉油田举办"开门办企业"活动，主动把公众"请进来"，2016 年以来，定期每月邀请公众，实行常态开放。先后接待各类群体1100多批次、近20000人次，让绿色、智慧、高效、负责的"涪气"形象走进千家万户，既保障涪陵页岩气田的顺利开发，也为中国页岩气开发营造良好的舆论环境。

活动特征

"涪气"开放对象突出"三类"	
突出 "权威专家学者"	先后邀请院士团、能源行业专家、社会知名人士等专家学者走进气田参观或参加"开放日活动"。通过权威评价，为"涪气"发声正名
突出 "主流新闻媒体"	借助主流媒体平台，更加广泛、客观地传播"涪气"绿色、智慧、高效、负责的形象。在重要节点，先后邀请《人民日报》、新华社、《美国华尔街日报》《法国回声报》、网媒主编团、国家相关行业媒体以及重庆、涪陵的主流媒体来访，200多家媒体大篇幅、持续性刊发涪气新闻
突出 "当地干部群众"	• 突出涉气乡镇的干部群众。通过参加开放日活动，进一步引导他们消除环保方面的顾虑，了解对当地经济带动的成效，从而主动理解、支持页岩气开发 • 突出涪陵当地的中小学生。坚持以孩子带动家庭、以家庭带动社会，会同涪陵区教委开展页岩气科普系列活动，通过分批组织中小学生参加开放日、编撰国内第一本中小学生页岩气科普教材发放给3万多名学生学习、开展页岩气知识书信大赛等活动，让页岩气知识进校园、进教材、进课堂

"涪气"开放内容突出"四高"	
突出展示高水平的自主技术装备	通过动画展示自主核心技术(水平钻进如同"贪吃蛇")、现场观摩国产关键装备,让来访者了解中国石化坚持自力更生,创新形成可复制、可推广的五大技术体系,自主研发一系列国产装备,大幅降低成本、提高效率,有效推动中国页岩气商业开发的"中国奇迹"
突出展示高度负责任的绿色开发举措和成效	通过讲解绿色开发故事、参观清洁施工现场,让来访者了解中国石化"像爱护眼睛一样爱护生态环境"的严细环保举措和绿色、清洁的施工现场
突出展示高素质的中国石化人	通过讲述参建员工坚持弘扬"三为四创"的气田精神,参观员工以大巴山为伴、以野营房为家、以大锅菜为食的艰苦创业环境,让来宾充分感受页岩气开发的艰辛和不易,对石化人肃然起敬
突出展示高成效的推动长江经济带发展的实绩	• 展示造福山城。通过介绍公司优先保障当地用气、优先使用当地产品、带动当地群众就业、大力支持地方建设、积极参与社会公益等大量造福山城群众的事例和成效,让来访者特别是当地群众知晓"涪气"为当地所做的积极贡献 • 展示惠及中国。通过介绍"涪气"通过川气东送管道输往华中、华东等地,沿途惠及长江经济带6省2市,2亿居民、上千家企业的情况,让来访者了解"涪气"利国利民的成效

"涪气"开放形式突出"1123"	
塑造一个形象大使	通过油迪人偶陪同、油迪机器人互动、赠送油迪公仔等形式，突出展示中国石化"公众开放日"形象大使——油迪
推出一个响亮口号	"常来涪陵，福（涪）气常临"的开放日活动欢迎词，既朗朗上口、便于记忆，又让大家感到"好彩头"，记得住、乐于传播
设立两个智慧课堂	• 开设会场的智慧课堂。通过播放《油迪的秘密》《清洁能源页岩气》专题片、讲故事（环保故事、会战故事）、做游戏、知识竞答、机器人互动等丰富形式，让来访者全面了解石油和页岩气 • 开设施工现场的实物课堂。通过展示地层千米岩心、油基钻屑种植榨菜盆栽，参观被青山绿水环抱的生产平台以及"会走路"的钻塔、气势恢宏的大型压裂机组、让国外生产商成本降低80%的压裂桥塞等全国产页岩气开发利器，使来访者对涪陵页岩气开发的"中国制造"肃然起敬
开展三项特色活动	• 根据开放日活动对象，公司员工有选择性地与来宾开展趣味比赛活动 • 每次在参加开放日活动来访者中，聘请6名页岩气义务宣传员，并组建"涪气"微信群，帮助日常传播"涪气"新闻，成为宣传"主力军" • 安排来访者在钻井或压裂施工现场，与一线员工一起吃"会战餐"，体验员工的艰辛

3. 中原油田：开放探索数字化油田秘密

中国石化中原油田主要从事石油天然气勘探开发等业务。2016 年起，中原油田以探秘数字化油田为重点，设立首批 10 家试点单位，建立 2 条标准路线和 6 个备选参观点，以公众需求为导向，精心谋划、严密组织、突出特色，标准化、规范化、常态化敞开大门，迎接公众参观体验，实地了解数字化、智能化、现代化油田，赢得理解和支持，展示公司自信、开放、智慧、绿色、友善的良好形象。截至2018年10月，中原油田累计举办开放日活动31期，邀请公众 1250 人次。

活动特征

开放形式突出"三个开展"	
开展探秘参观	坚持每月至少组织开展一期"公众开放日"活动，邀请政府人员、媒体记者、在校学生、意见领袖、居民群众等相关方，深入油田参观，让大家了解油田企业的改革发展历程、油气生产的基本过程、油田职工的工作和生产，向来访者传递充满智慧的中原油田、引领发展的中国石化
开展专题采访	定期邀请新闻媒体采访团到油田集中采访，以事件报道、人物报道、记者观察等方式，生动、立体地展现油田数字化建设、安全环保和开放发展成果
开展主题实践	为满足公众个性化需求，精心设计多样化的参与方式，举办"谁是最佳搭档"抽油机安装对抗赛、"最美石油工人"随手拍、"金牌小讲解员"评选等活动，邀请公众现场与油迪机器人互动、体验消防演习，变"参观"为"参与"，增强开放日活动的吸引力

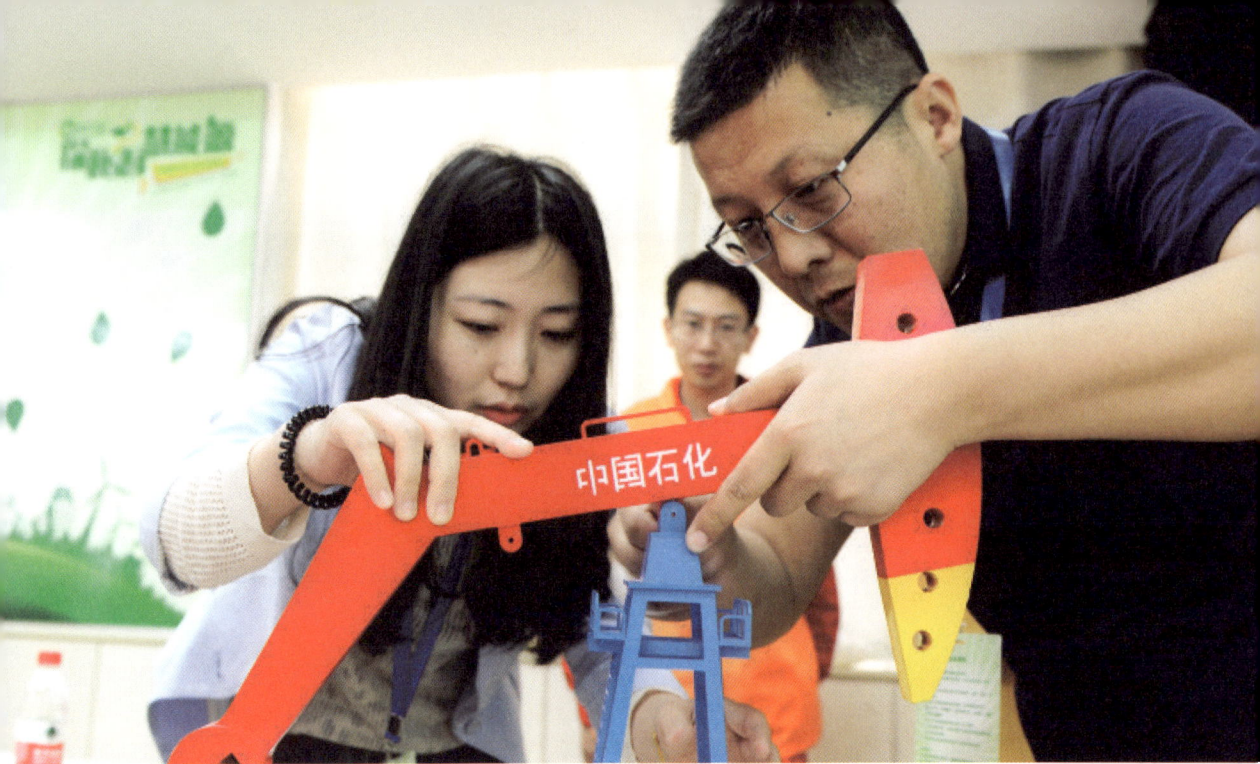

*"中原工匠"与社会公众配合安装抽油机

	注重创新开放传播方式
发挥名人效应 助力品牌传播	每期邀请1~3名具有较强知名度、影响力、号召力的"本土明星"参加公众开放日活动。如全国劳模卢建强、央企楷模宋丽萍、中国好人杨明锋、网络大V"巍岳钦禹"等，提高公众参与度，提升企业的知名度和美誉度
注入市场元素 提高品牌效益	将油田"闯市场"的价值理念、人才优势、技术优势等元素，贯穿公众开放日全过程，形成"千军万马闯市场、千方百计创效益"的浓厚氛围。突出展示"中原普光""中原气服""中原服务""中原铁军"四大品牌实力，将外闯市场单位作为主要开放点，主动邀请合作企业、有实力的公司到油田参观交流，为增进信任、加强合作、打开市场夯实基础
丰富开放平台 拓展品牌内涵	大力实施素质、环境、平安、繁荣、阳光、温暖"六大工程"，文化走基层活动，定期举办文化体育项目，建立油地高层联席会议，参与扶贫开发行动，展示中原油田责任形象

4. 西北油田：走进"死亡之海"，探秘智慧能源

中国石化西北石油局是中国石化第二大油田，截至 2018 年 1 月累计原油产量突破 1 亿吨，成为我国首个以海相碳酸盐岩油藏为主，实现原油产量 1 亿吨目标的油田。

2018 年 4 月，西北石油局作为中国石化"公众开放日"品牌活动第三季示范单位之一，正式对外开放。公司严格按照中国石化总部统一要求，突出"中国石化"品牌意识，同时结合地域特点、油田特点，设计多个特色项目，努力把"公众开放日"打造为展示中国石化、展示油田形象的绝佳窗口。活动举办以来，取得良好效果，得到公众高度评价和媒体高度关注。其中，现场直播获得 525.8 万人次的直播观看。

活动特征

五"立足"，五"突出"

立足一行 突出一行	通过让公众走进油田，亲身体验"死亡之海"的艰苦环境，亲眼目睹西北石油人尽职尽责的工作态度，感受石油石化人的奉献精神
立足油公司建设 突出效率	通过讲解油田的改革发展历程，介绍油田的丰硕发展成果，让来访者了解油公司建设带来的高效率和高质量发展
立足应急消防能力 突出安全	通过展示中国石化西北应急中心的强大能力，给公众一种强烈的安全感和信任感
立足助力地方发展 突出责任	通过介绍企业为新疆发展在上缴税费、援疆项目投入、帮扶就困、带动当地就业、助力当地发展等方面的做法和成效，向公众展示中央企业的责任担当
立足油田发展历程 突出文化	通过讲述油田的发展历程和一些触动人心的故事，展示一代代石油石化人的文化和精神

五种开放形式给公众难忘体验	
以文化感染人	通过参观文化教育基地，讲述石油石化行业的光荣传统，展示石油人为祖国献石油的奋斗精神，以文化感染公众
以视觉震撼人	在开放中给公众奉上最直观、最震撼的视觉体验，通过消防演练、井控模拟等给公众留下深刻印象
以互动吸引人	不仅让公众听和看，还让他们亲身体验。在智慧课堂中安排抽油机组装、温度连连看、石油石化产品接龙等互动方式，在井控中心、联合站参观等自选项目中给公众安排体验的机会，强化公众的记忆理解，得到他们的好评
以情怀打动人	开放过程中，一线石油人为公众现场演唱自创歌曲，一个个有特色、有亮点的人物用朴实无华的语言向公众展示石油人独特的情怀
以故事触动人	为公众准备"三让胡杨树""一张跨越 4387 公里的'全家福'"等故事，以鲜活的故事、鲜活的人物触动人，展示"不一样"的中国石化和石油石化人

＊独具特色的新疆舞蹈欢迎参观公众

＊油区地图摆满油样给公众直观感受

＊公众登上钻井平台近距离了解体验

＊公众参观消防演练现场

中游 炼化企业：
美丽和谐的花园式智慧工厂

炼化企业是中国石化中游产业链的主体，主要经营石油炼制、石油化工、煤化工、化纤、化肥及其他化工生产与产品销售等业务。

2012 年，中国石化在燕山石化、镇海炼化、茂名石化和九江石化 4 家企业启动智能工厂建设，并于 2015 年成功打造中国石化智能工厂 1.0 版。其中，九江石化、镇海炼化、茂名石化 3 家企业试点分别被评为 2015 年、2016 年、2017 年国家智能制造试点示范项目，建设效果显著。

工厂生产管理自动化、可视化、数字化水平大幅提升，先进控制系统投用率达到 90% 以上，生产数据自动采集率达到 95% 以上，操作合格率提升至 100%，劳动生产率提高 10% 以上。

生产优化由局部优化向一体化优化、在线优化转变，能源管理实现能源可视化、在线可优化，重点环境排放点实现 100% 实时监控与分析预警。

智能工厂的试点建设推动了企业生产方式、管控模式变革，提高了安全环保、节能减排、降本增效、绿色低碳水平，促进了劳动效率和生产效益提升。

"十三五"期间，中国石化计划将建成 10 个智能工厂，智能油气田和智能工厂的运营成本降低 20%，劳动生产率提高 20%，同时实现智能工厂万元产值综合能耗降低 6%。

因此，炼化企业在策划"公众开放日"品牌活动时，把智能制造、安全生产、绿色环保等的做法和成效作为向公众展示的重要内容，精心设计活动流程，精准邀请参观对象，让其切身体验美丽和谐的花园式智慧工厂的魅力。

1. 镇海炼化：公众开放日撕下"不安全、不环保、不开放"标签

中国石化镇海炼化公司是国内最大的炼化一体化企业，构成"大炼油、大乙烯、大码头、大仓储"的产业格局，集中代表我国炼油化工行业的先进水平。

镇海炼化是中国石化最早开展"公众开放日"品牌活动的企业。截至 2017 年，已举办活动 186 期，累计参与公众 8415 人次。镇海炼化打造智慧小课堂、展厅、VR 体验三维工厂、"百鹭园"、消防支队、中央控制室、清净废水回收装置、生态监测池等"十三个模块"，不断拓展参观内容，提升公众体验。其中，被称为"生态检验师"的白鹭在厂区安家的情景，为参观者留下深刻印象。2017 年 7 月 15 日，镇海炼化被中国石油和化学工业科普联盟授牌"中国石油和化工科普基地"。

> 活动特征

抓准"五小五大",提升传播效果	
讲故事 小切口大作用	策划讲好"白鹭的故事、水的故事、鱼的故事、最美逆行人的故事、机长的故事、地沟油的故事"等故事,通过一个个故事串起整个开放日行程,以小切口发挥大作用
讲人物 小人物大能量	将基层员工的故事以通俗易懂的语言融入讲解中,展现一个个鲜活的人物形象,让公众代表感知石化员工的"工匠精神"
讲情怀 小视频大影响	推出《航拍镇海炼化》和《白鹭飞》等微视频,用小视频传达企业情怀
讲科普 小科普大释疑	将"探秘智慧能源"贯穿活动始终,通过参与智慧小课堂、科普机器人互动、体验智能工厂VR、观看5D电影《石油梦想》、听志愿者科普讲解、专业人员座谈答疑等,提升公众认知,消除公众误解
讲用途 小产品大产业	将汽油、煤油、柴油、硫黄、沥青以及聚乙烯、聚丙烯等化工产品封装在油滴形的玻璃瓶中,直观地向公众展示。从小产品切入,通过展厅多媒体互动游戏和志愿者讲解,让公众了解小小产品全面影响着我们的生活

2. 燕山石化：我家大门常打开，开放怀抱等你来

中国石化燕山石化成立于 1970 年，目前年原油加工能力为 1000 万吨，乙烯生产能力超过 80 万吨，是我国重要的合成橡胶、合成树脂、苯酚丙酮和高品质成品油生产基地之一。

燕山石化自 2014 年开始举办"公众开放日"品牌活动，确立"一馆一园三个体验中心"的精品路线：一馆，即燕山石化展览馆；一园，即人工湿地公园；三个体验中心，即科技创新体验中心、生态文明体验中心、智慧能源体验中心，使公众零距离了解、感受一个安全、绿色、智能的石化企业。截至 2017 年底，公司累计组织活动 138 期、接待来自国内外社会各界人士超过 10000 人次。

活动特征

	厚植"文化",深耕"套路"
套路1 历史文化 醉千古	燕山石化取名"古燕山",这里曾诞生了最早的人类文明,周初成就城市文明,新中国成立后更是成就了首都最初的现代化工业文明。公司结合周口店、古燕山、金陵等独特的地域特点,向来访嘉宾讲述燕山石化的历史,传递燕山石化人最本真的初心,即对美好生活的向往
套路2 企业文化 展豪情	通过参观燕山石化展览馆,使来访嘉宾深入了解燕山石化建设大型引进装置的成功范例、开启技术输出的历史壮举、推动两轮乙烯改扩建的先锋示范、引领清洁油品迭代升级的执着奉献等发展成就及企业文化,彰显燕山石化人"大企业要为国家做大贡献"的责任担当
套路3 绿色文化 书大义	通过参观清洁油品生产基地、水净化回用装置、牛口峪湿地公园,使来访嘉宾清晰感受燕山石化以绿色低碳为引领,以环境友好为目标,矢志打造石化工业生态文明示范区的绿色文化,以及在推进环保治理、构建生态文明方面所付出的努力和取得的成就
套路4 创新文化 铸未来	燕山石化是中国石化首批智能工厂建设试点单位之一,曾获评工信部"国家级两化深度融合示范企业"、中国石化"两化"深度融合创新示范单位。通过参观智能工厂、体验 3D 打印、参与智慧小课堂等环节,使来访嘉宾真切体验智能工厂的高效规范,以及石化产品在日常生活中的应用,感受石化行业与美好生活之间密不可分的联系

3. 金陵石化：主动开放，积极应对"城围石化"困境

中国石化金陵石化主要从事石油炼制及石化产品的加工生产和销售，是中国石化第三大原油加工基地、全国最大的清洁汽油和航空煤油生产企业，以及亚洲最大的洗涤剂原料生产基地。

2012年开始，金陵石化主动邀请政府官员、人大代表、政协委员、在校师生以及社区居民等各界人士，走进公司，参观交流。2016年，金陵石化将参观活动升级为"公众开放日"品牌活动。截至2018年10月，金陵石化累计接待各类参观、采访、调研273批、8428人次，得到国家环保部和江苏省、南京市相关部门的好评。

活动特征

开放对象突出"三个重点"	
主动邀请政府公务人员"指手画脚"	2013年起，公司主动邀请政府人员、人大代表、政协委员等，前来公司生产区域参观体验。他们参观金陵石化尤其是观看了对二甲苯样品后，改变了原有的认识，纷纷对公司的绿色发展给予肯定。国家环保部将金陵石化作为培训教学点，组织专业人员参观学习
为各类在校生提供社会实践基地	公司与清华大学、山东大学、南京大学等知名高校协作，共建高校学生社会实践基地。截至目前，已有10所高校与公司共建学生社会实践基地，累计接待大学生1800多人次，开展社会实践活动68批次。连续5年举办"南京日报百名小记者走进绿色石化"活动，累计有500多名学生和家长走进工厂，也成为南京日报小记者工作室的品牌活动
邀请附近居民考察企业环保设施	公司主动邀请居民参观工厂，普及化工知识。针对邻居们关心的废水、废气处理问题，公司专门安排尾气回收、污水深度回用等环保装置参观点，让他们亲身体验公司的环保治理水平

做好四个"零距离"沟通

推进媒体传播"零距离"	邀请社会主流媒体参加"公众开放日"活动，开展专题报道；邀请记者采访公司绿色发展新成绩；运用企业内部传播渠道，强化宣传报道
推进公众交流"零距离"	全方位开展公众开放日活动，逐步建立面向公众的开放参观和对话机制，利用企业科普力量，组织开展一系列石化科普活动，增强公众对石化企业的了解与理解
推进环保问题举报"零距离"	张贴"金陵石化环保有奖举报电话：58986565"的告示牌，24小时接受社会监督
推进石化社区沟通"零距离"	公司将社区居民作为公众开放日的重点人群，通过"亲密接触"，了解企业环保工作和清洁生产的现状

* 南京市北崮山社区党委组织党员到金陵石化参加公众开放日活动

* 大学生记者体验中国石化探秘智慧能源企业开放日活动

* 南京日报小记者参观金陵石化，饶有兴趣地骑上自行车，行在花园式工厂

* 公众参观污水处理回用装置，品尝处理为饮用级别的水

4. 九江石化：五位一体，展示绿色智能新形象

中国石化九江石化坐落于风景秀丽的庐山脚下、长江之滨、鄱阳湖畔，是我国中部地区和长江流域重点企业、江西省唯一的大型石油化工企业。

自2016年起，九江石化开始举办"公众开放日"品牌活动，邀请公众实地参观，了解九江石化践行绿色低碳、建设智能工厂的举措、成效和责任担当，努力实现企业与公众、城市环境的和谐共融。截至2017年底，公司累计举办64期活动，参与公众达2400余人次。

活动特征

"一二三四五"引领公众开放日活动开展	
围绕 一个主题	把"探秘智慧能源"作为"公众开放日"品牌活动的主题，围绕主题设计活动路线和内容。在交通车上喷印"探秘智慧能源"主题，在智慧小课堂上通过观看视频、观察产品、互动答题介绍智慧能源
突出 两个重点	把绿色低碳、智能工厂作为参观、讲解重点，充分展示石化企业与城市、地方居民和谐共融的秘密所在。智慧大巴在厂区蛇形行驶，让公众感受石化企业生产区的环境面貌；水务观察池现场实时更新炼厂各项环保指标，公众驻足观赏锦鲤在处理后的污水内嬉戏的美景；在智能工厂"神经中枢"——生产管控中心，大家体验4G网络覆盖下实时汇集传递生产、安全、环保、工艺、质量等信息的工作场景
抓住 三个环节	• 抓对象。"开门开放办企业"参观交流活动与"公众开放日"主题活动相结合，扩大公众覆盖面。"公众开放日"活动以线上报名为主，"开门开放办企业"参观交流活动以申请和邀约为主 • 抓讲解。专家讲解与兼职讲解员相结合，定期组织讲解员培训班，提高讲解的针对性和讲解水平，针对不同对象，采用或科普或专业介绍等不同形式的讲解 • 抓传播。企业报纸、网站、电视、微信联动，社会媒体介入，对活动进行全程报道，在现场参观、讲解和面对面交流的基础上，发挥媒体作用，扩大传播覆盖面，提高活动影响力

把握四个原则	- 真诚。真诚欢迎八方宾客,免费车接车送,印制接待手册,提供热情周到的服务,返程时赠送小礼品,让公众有宾至如归的感觉 - 真实。敞开大门与公众零距离接触,向公众展示石油化工企业最真实的一面,不遮掩、不拔高,实事求是 - 真心。真心欢迎公众提出宝贵意见建议,设计留言贴、制作留言板,请公众留下宝贵意见,媒体记者进行现场采访,引导公众做心与心的交流,留下心里话 - 真改。认真对待公众和方方面面的意见、建议,制定和完善《开门开放办企业管理办法》,制度化、规范化组织活动,不断提升活动质量
留下五个印象	- 连续8年荣获中国石化安全生产先进单位的"平安炼厂"印象 - 敢于承诺做全国环保水平最好的"绿色炼厂"印象 - 石化行业唯一荣获国家和工业信息化部智能制造试点示范项目的"智能炼厂"印象 - 践行社会责任、扶贫帮困、造福乡邻的"尽责炼厂"印象 - 开门开放办企业,主动接受社会监督,实现企业与城市、社会、公众和谐共融的"开放炼厂"印象

下游 销售企业：
人性便捷的智慧加油站

销售企业是中国石化下游产业链的主体，主要经营天然气、成品油、非油品等产业营销服务业务。

中国石化认真落实国家"制造业与互联网融合发展"的战略部署，构建统一的电子商务与客户关系管理平台和统一支付系统，积极培育"互联网+"新业态，建立"易派客""石化e贸"等电商平台，整合网上营业厅、手机APP、微信公众号等营销资源，构建线上线下融合销售服务网络，为广大消费者提供更加便捷的人性化服务。

因此，销售企业在策划"公众开放日"品牌活动时，将把在油品质量、易捷便利店经营、汽车生活驿站、油库安全环保等方面的做法和成效作为向公众展示的重要内容，精心设计活动流程，精准邀请参观对象，让其切身体验智慧加油站的"魔力"。

1. 浙江石油：开门迎客，唱响石化好声音

中国石化浙江石油分公司是浙江省内最大的成品油销售企业。2012年起，浙江石油开始组织"开门办企业"活动，2016年升级为"公众开放日"品牌活动。截至2018年10月，浙江石油在浙江省11个地市共举办41场活动，1323人次参与，进入油库、加油加气站、管道施工场地和质检室进行参观，了解公司的发展、管理措施和经营情况，增进了解，消除误会，强化共识。

活动特征

做好四方面工作,打造沟通新平台	
重点突出	以"答疑解惑"为重点,活动前借助媒体征集本地车友关心的问题,活动中围绕消费者关注的成品油数量和质量问题、加油站及油库安全问题等,开展加油站现场试验,拆解加油机介绍铅封制度,参观油品存储地点,讲解物理特性及油品质量辨别等,消除公众误解
注重延伸	活动主动对接消费者需求,通过推介易捷洗车美容汽服项目、发票开具预约、油卡管理等增值服务内容,让公众现场体验"车主的鲜食和水果"等服务,开展油非互促比价,带动商品销售
结合热点	注重与区域热点、时事热点内容结合。如,在杭州G20峰会期间,就民众普遍关注的加油站安全保障和环保问题开展科普介绍
普及面广	活动遍及浙江省全部11个地市,各分公司至少举办过一次公众开放日活动

第五章 如何在集团层面推进落地 | 99

2. 广东石油：开放打响企业"新名片"

中国石化广东石油销售分公司拥有 2500 多座加油站、1650 座易捷便利店，形成遍布全省的营销网络和日臻完善的服务体系。

2016 年 3 月，广东石油被评选为中国石化第一批"公众开放日"品牌活动示范单位。截至 2018 年 10 月，广东石油在广东省 20 个地市举办 24 场"公众开放日"品牌活动，邀请公众近 2000 人次。公众走进油库、质检中心、加油站，感受企业经营管理，学习能源知识。

活动特征

精心打磨细节

活动组织	以"以点带面、区域渗透"为思路，由省公司统筹每月活动，各地市公司轮流举办，召开全省活动推进会进行宣贯和统一。在活动的整体框架下，结合广东网点实际和车主特点，固化活动模板、细化活动要求，每个承办活动的市公司都要到前两场活动现场学习观摩，确保活动举办不走样

活动标准	确立"4+X"总体思路("4"代表省公司统一要求的四个突出,"X"代表各市公司特色动作),即突出公众导向、突出对象精准(优先选择政府主管部门、行业协会、用油大客户、周边居民、媒体等)、突出服务中心、突出企业"新名片"宣传(销售企业转型为综合服务商的新产品、新服务、新形象)
活动内容	以智慧小课堂科普、加油站(油库)现场参观为主要内容,重点展示企业转型发展成果。各地市公司结合地域特色及公众需求,融入消防安全、绿色环保、精准扶贫等个性化的内容
活动形式	智慧课堂上通过"石化产品接龙游戏""微信摇一摇"PK 等有趣的互动形式,寓教于乐。还通过讲故事、直播互动、自助加油体验、现场实验演示、易捷新品品尝等方式,解答公众疑惑,让公众亲眼见证企业新形象、新环保、新管理、新营销、新转型的行动及成果。一线员工原创舞蹈演绎活动神曲,编唱《开放日欢迎你》等,拉近与公众的距离

3. 江苏石油：敞开大门零距离交流，展现生动、活泼的国企新形象

江苏石油遵循"开门办企业、开放办企业"理念，敞开大门，与社会各界零距离沟通，展示智慧、绿色、开放的企业形象。自2017年4月以来，先后举办16期"公众开放日"活动，超过860名来自社会各界的嘉宾代表走进江苏石油机关、油库、加油站、易捷超市，近距离感受中国石化，感受江苏石油，智慧小课堂、消防实战演练、现代化的仿真培训教室、无人便利店、特色商品品鉴，精彩纷呈的创意节目、细致温暖的周到服务，让嘉宾感受不一样的国企新形象。

活动特征

突出"四新"，让嘉宾来了就不虚此行

展现库站新形象	加油站仿真培训教室、商品展示中心、鲜花坊、肯德基汽车穿梭餐厅、高温自动喷淋降温系统、无人便利店、穿梭式自动洗车机，展现油站现代化且兼具人性化的设备设施。与当地消防部门在油库联合开展消防实战演练，场面震撼。开放质检室，讲解质量控制流程，让嘉宾感受中国石化始终践行安全生产、质量优先的理念

展现易捷新业态	参观易捷便利店，进行燃油宝积碳消除实验、卓玛泉 pH 酸碱值测试、欧露纸实验，增加宁夏中宁枸杞、云南普洱茶等品鉴环节，通过实验对比、现场品鉴等方式，直观地向公众展示中国石化重点商品的优点，让公众了解石化不仅提供质优量足的油品，更提供来自全国各地的优质商品，全面影响着百姓生活的方方面面
展现员工新面貌	《卓玛姑娘》舞蹈、《Sinopec Open Day》街舞版、《石化三句半》《朝阳下的油站》等员工自创节目，感受石化员工的多才多艺。参观"五小工程"，感受油站"家文化"，讲述油站故事，嘉宾近距离走进员工生活
展现公益新担当	讲爱心、暖人心，讲好江苏环卫驿站故事。自 2016 年起，江苏石油共打造环卫驿站近 300 座，为环卫工人提供纳凉、取暖、饮水、热饭、上网、看报、休息等服务。环卫工人夏天到驿站吹空调、休息上网，冬天到驿站热饭、添开水，已成为常态，让嘉宾了解石化企业的公益担当

4. 山东石油：老品牌讲好新故事，绿能源助力新发展

中国石化销售山东石油分公司成立于1953年，是中国石化驻鲁大型销售企业，拥有在营加油站2585座，易捷便利店2450座，油库24座。作为成品油销售的主渠道，山东石油承担着山东省成品油供应保障任务，是山东省内最大的成品油销售企业。

2018年，山东石油开始举办"公众开放日"品牌活动，首站济南站共邀请山东省人大、省政协、省政府有关部门、省直机关党工委、省行业协会、用油客户、私家车主、媒体记者等100余人参加活动，全方位向公众展示公司在推动新旧动能转换、奉献清洁能源、服务山东的发展中，追求安全、环保、品质、创新、服务以及公益担当中所做的不懈努力。

活动特征

注重公众体验互动，增强品牌信赖	
做大片"秀"形象	拍摄山东石油宣传片《我们的追求》，面向公众，简短精练、充分展示山东石油智慧、绿色、担当、开放的品牌形象，受到广大公众好评
制沙盘展全景	联合多方力量制作一体化沙盘，成为公众开放日上的一道亮点。沙盘长8.8米，宽2.8米，向公众展示中国石化上游企业的高科技勘探、开采，中游企业的智慧炼化，下游销售企业综合、便捷的服务，让公众更形象、更直观地了解中国石化
强体验"秀"品牌	360度沉浸式体验。活动大厅设易捷体验馆即茶歇处，让公众在候场喝茶、参观便利店中体会企业文化；活动现场全方位主题布景，在油库设计配备统一的头标和胸贴，在加油站统一穿上荧光背心，增强识别感、代入感；大巴车上发放"每日坚果"、枸杞等易捷产品，便利店内品尝易捷特色水果，增强品牌认知
强互动"秀"智慧	智慧小课堂上讲解并赠送专门制作的"油滴标本"，给公众带来"黑金"的视觉冲击，并穿插燃油宝积碳清洁实验，使其清洁效果一目了然，打消公众疑虑，博得认同；油库上演壮观整齐的消防演练，

	视觉冲击力强，公众赞不绝口，提升安全信赖；质检中心设油品对比实验，让公众学会辨别油品"真本事"的同时，进一步了解中国石化油品的"高科技"内涵；加油站内，邀请质监局工作人员现场做质量鉴定，便利店内设卓玛泉酸碱度实验，加油卡自助发卡终端体验等环节，彰显中国石化的品牌"智慧"
"秀"形象引共鸣	服务贴心周到，形式喜闻乐见。志愿者服务温馨周到，"一对一"全程陪同，热情服务；全程配备医务人员，携带药箱，防止发生意外；途中配有热水、特色小食品、欧露纸巾等，让公众补充体力的同时，有宾至如归的感觉；小课堂上，表演开场舞蹈《大王让我来巡站》，使公众放下拘谨，积极融入；大巴车上，讲解员建立微信群，通过发红包的方式提问互动，每到一站前发送安全须知，活跃现场气氛，提高途中解说的趣味性；返程途中，讲解员演唱改编版《成都》，表达中国石化对公众的依依不舍之情，传达企业情怀，引发共鸣；下车时，发放合影照片，使公众留下美好的回忆

* 山东石油一体化沙盘

第三大板块
The third plate

开了门真的不一样

一分耕耘，一分收获。中国石化举全系统之力，精心打造的"公众开放日"品牌活动，取得了实实在在的效果，尝到了实实在在的"甜头"。

改善企业舆论环境，拓展企业发展空间。公众通过实地参观中国石化，从全产业链角度重新认知和了解中国石化的责任行为，改变了对中国石化"不安全、不环保、不开放"的负面印象，给予中国石化认可和赞誉。在一定程度上，促使企业形象得到有效改善，舆论环境得到明显好转。最直接的体现就是，中国石化网络负面舆情占比从 2012 年的 42.6% 降至 2017 年的 5.9%。

相伴而来的是企业发展空间的拓展，以及企业管理水平和经济效益的不断提升。如，齐鲁石化增加了安全环保投入，镇海炼化的"百鹭园"打消了周边居民的顾虑，湖南石油加强了库站的安全环保、数质量管理⋯⋯

提升企业品牌价值。2018 年，中国石化"公众开放日"品牌活动荣获 SABRE 亚太区域品牌和声誉管理杰出成就金奖，这是国际公共关系界的最高奖项，在全球具有较大影响力，被称为公关界的"诺贝尔"奖。获此殊荣，是国际社会对中国石化长期致力于推进企业与社会和谐发展和企业品牌建设、声誉管理的高度认可，进一步提升了中国石化品牌价值。

品牌对于企业而言，是灵魂，是一种无形资产。中国石化成立 35 年来，一直致力于为美好生活提供更加清洁的多元化能源和化工产品，从国之重器到民生必需，从传统行业到新兴领域，都活跃着中国石化品牌的身影。回顾中国石化品牌建设发展历程，从品牌根基的搭建，到品牌统一战略的推进，再到品牌建设战略转型，品牌价值不断提升，塑造和维护了企业在国内市场和国外市场的良好品牌形象，增强了内部凝聚力，提高了外部竞争力。

2017 年，中国石化荣登 BrandZ 全球最具价值品牌 100 强，位列中国能源行业第一，品牌价值 126.39 亿美元 2018 年，中国石化位列"BrandZ 中国出海品牌 50 强"榜单第 21 位，并荣获"新晋最强能源品牌"称号；位列"2018 中国品牌价值百强"榜单第 5 名，品牌价值高达 2462.88 亿元，成为国内品牌价值最高的能源化工行业品牌；旗下核心业务品牌"易派客""长城润滑油""易捷"分别以 74.03 亿元、66.86 亿元、25.69 亿元的品牌价值上榜"中国品牌价值评价信息能源化工领域前 50 强"。这些成绩的取得，是社会和公众对中国石化品牌的认同，也将会进一步促进中国石化的品牌建设，积极打造"中国名片"。

小知识

SABRE 品牌和声誉管理杰出成就奖的全称是 Superior Achievement in Branding and Reputation Awards。该奖项由全球权威公关行业资讯机构霍姆斯报告（The Holmes Report）于 2000 年设立，旨在对行业内最具专业能力、对行业有明显推动作用的相关案例进行表彰。每年全球范围内约有 5000 个案例参与 SABRE 的奖项评选。获此殊荣的团队也意味着受到业界的极大认可。

第六章
Chapter 6
沟通创造价值

开门增进理解,沟通创造价值。

自 2012 年以来,中国石化"公众开放日"品牌活动的持续开展,为企业与公众零距离沟通搭建了桥梁,一定程度上促使公众对中国石化及石化行业增进了解,消除误解,增强理解,从创新沟通模式打造新品牌、拓展重化工业发展新空间、集群打造石化科普新基地、激发内部改善管理新动力、探索提升经营效益新途径等方面助力提升企业价值、行业价值和社会价值。

一、各方认可，
创新沟通模式打造新品牌

"公众开放日"品牌活动形成了规模化传播效果，获得了各方认可。

从社会公众角度看，据统计，73%的受访者表示通过活动对中国石化有了深入了解，84%的受访者表示愿意邀请亲朋好友参加后续活动，更有85%的受访者愿意成为活动传播者。

从有影响力的人物角度看，活动收获了积极正面的评价，国资委新闻中心主任评价说"中国石化公众开放日活动开创了央企与公众加强沟通的新模式、新途径"；国资委宣传局局长、副局长评价活动为"央企标杆"。知名评论员、中国青年报编委说，"它开启了央企宣传的新模式，是一种开放的、交互的，从而也是'活'的宣传"。

从内部活动实际开展情况看，50家企业对开展开放日品牌活动意愿强烈、态度积极，因为活动具备多种功能，能和日常参观接待、加强公共关系等巧妙结合，更能和生产经营、改革发展、安全环保等各项中心工作高度融合。

以上这些让中国石化深刻认识到，只有真正融入中心工作、宣传工作，才能有生命力，才能真正受欢迎。

1. 江汉油田:"公众开放日"品牌活动"声名鹊起"

2014年开展"公众开放日"品牌活动以来,中国石化江汉油田涪陵页岩气田在重庆涪陵、南川等开发区的知名度越来越高。一些政府部门、兄弟企业、团体组织主动联系报名参加,走进身边的中国最大页岩气田实地参观,既形成了"公众开放日"活动的品牌效应,更提升"涪气"的美誉度。

2. 九江石化:"公众开放日"品牌活动助推企地和谐共融

九江石化"公众开放日"品牌活动对象主要是周边社区居民、学校师生、地方人大代表、政府官员、媒体记者、社会各阶层代表、省内外考察团等。通过实地参观、考察、交流等,让公众零距离感受企业的发展理念与实践。公众对石化企业安全、环保、产品质量等有了颠覆性的认识,"真诚""震撼""了不起""高大上"成为公众最普遍的感受。

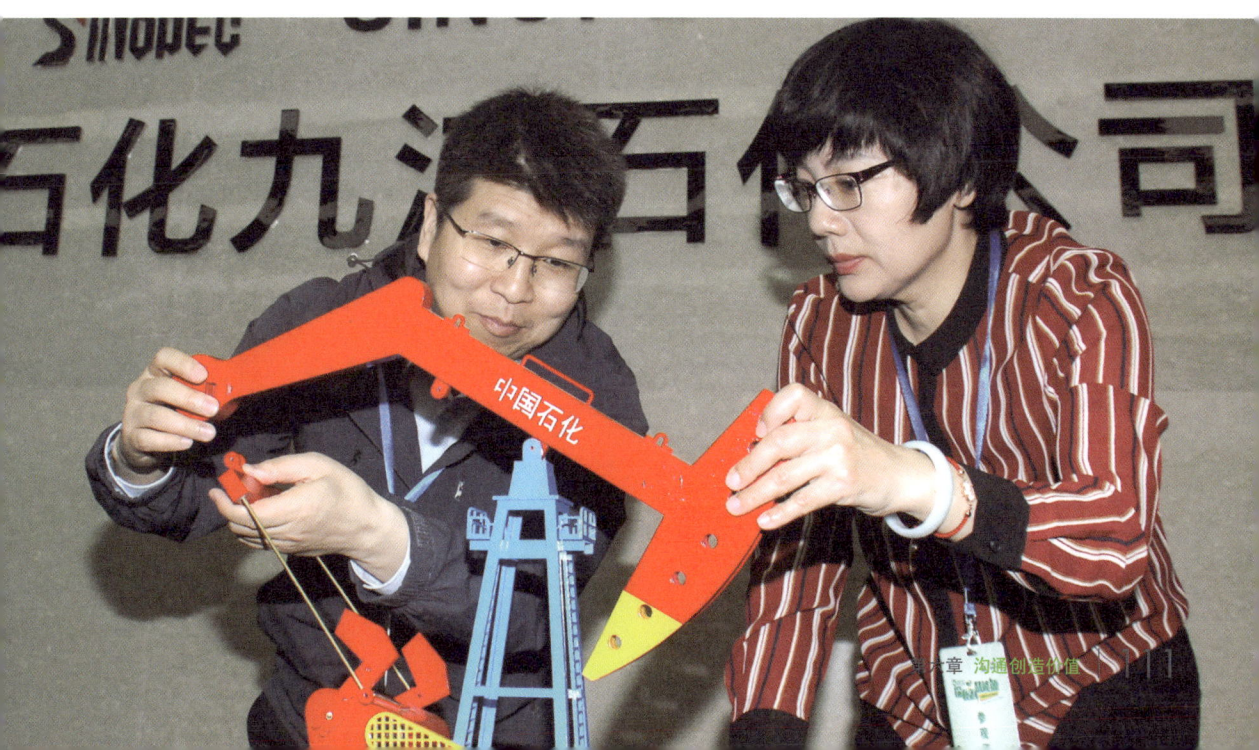

3. 西北石油局:"公众开放日"品牌活动为民族团结加分

2018年,中国石化"公众开放日"(西北油田站)第二期活动结合民族团结教育月,以"开放 · 融合 · 团结"为主题,邀请驻地公务人员、当地学校师生及媒体记者走进油田一线,零距离接触油田,探秘蕴藏在"死亡之海"中的智慧能源,让感情在交往、交流、交融中更亲更浓。

巴州文明办副主任在接受采访时表示:"中国石化的开放日活动非常好,可以让新疆地方群众更加了解油田,支持油田,尤其是对孩子们更有意义,我儿子上高三了,下次有机会一定让他参加这个活动"。轮台县第八小学六年级一班的阿丽耶·艾萨高兴地说:"我是第一次到油田来,第一次看到石油,第一次知道石油有这么多的用处,对我们的生活有巨大的作用,我一定要珍惜保护资源"。

二、释疑解惑，拓展重化工业发展新空间

开放日品牌活动有效消除了公众对石化企业的偏见和误解，为拓展重化工业发展空间赢得一定的舆论支持。

胜利油田、中原油田通过活动展示了现代化、智能化、数字化的"智慧油田"新形象。

江汉油田针对页岩气开发初期存在的"真假论""污染论""掠夺论"，先后邀请国内外媒体、院士专家、地方政府、学生和村民等分50多批次实地参观，让公众了解技术自主、装备国产的"中国奇迹"，目睹气田绿色开发、智慧开发的环保成效，感受对当地经济的支持拉动，赢得了公众的理解和认可，推动并争取了当地政府的支持。

镇海炼化通过安家在厂区的白鹭直观反映厂区空气、水体状况，燕山石化、茂名石化、金陵石化等企业用污水监控池养鱼，展示了企业致力绿色环保的成效，打消了周边居民的顾虑，撕下社会舆论中"不安全、不环保、不开放"的负面标签，主题歌曲中的"翠鸟、白鹭还有大马"都是"生态石化""绿色石化"的代言人。

九江石化认真剖析，着力破解PX项目"因误解而恐惧、因不了解而疑虑、因不信任而抵制""一闹就停"的困局，特邀社会各方走进企业，促使起初反对的"带头大哥"转变成鼎力支持者，在项目舆情顶峰产生了关键影响，九江PX项目也成为近10年来国内首个顺利取得环评批复的芳烃项目。

举行公众开放日的加油站和油库则成为形象破解"跳枪揩油"等"消费谣言"的最好平台。

1. 江汉油田：赢得政府部门支持，助力国内页岩气开发

重庆市各级党委政府通过参加江汉油田"公众开放日"品牌活动，进一步认识到页岩气开发清洁环保、利国利民，组织成立能源保障机构，做好协调工作，支持页岩气开发。

2. 镇海炼化：坚持敞开大门，消除公众误解

2013年至今，镇海炼化坚持敞开大门与公众零距离沟通，使公众更全面、更深入地了解真实的中国石化镇海炼化，有效破解石化企业妖魔化形象，消除公众对企业的误解，见证企业的创新与发展，增强公众对国企的信心。一位公众代表说："原来以为化工企业又脏又臭，可到了镇海炼化才知道有误解。这里的环境比公园还要好，看过了，就放心了。"有公众代表参观后说："我们要支持你们的发展，为国家做更大贡献"。活动中，公众通过接触一个个员工个体感知了石化工人的艰苦，感知了企业和员工的"正能量"，体验到了企业的价值理念，见证企业的价值追求。

来到涪陵页岩气田看到的是绿色、是田野、是山川，这说明页岩气开发对生态和自然环境没有造成影响和破坏。

——中国石化社会监督员、中国之声特约观察员 朱煦

这里的环境比公园还好，空气里面不仅没有异味，还能看到飞翔的白鹭，工业废水经过处理后居然可以直接饮用，太出乎我们的意料了，完全改变了以往对炼化厂的印象。

——参观镇海炼化的公众代表

这是一种透明的、没味道的液体，确实很纯净（当得知处理后的工业废水纯净度高于饮用水时，纽约大学学生代表品尝后发出感叹）。

——参观燕山石化的美国纽约大学学生代表

三、多维沟通，
集群打造石化科普新基地

习近平总书记在 2016 年的科协九大上，从国家强盛和民族进步的高度，首次提出科技创新和科学普及是国家科技发展的两翼，第一次把科普和创新放在同等重要的位置。

中国石化专门为"公众开放日"品牌活动制作的科普短片《油迪的秘密》，通俗易懂地介绍了石油勘探开发、加工炼制和运输消费的各个环节，揭示了石油石化和人们衣食住行的密切关联，目前全网播放量已超过 200 万次，起到了良好的科普效果。

- 华东石油局、扬子石化、南化公司、仪征化纤等通过科普直播，把开放日活动搬到了线上。
- 胜利油田科技展览中心、上海石化科技馆等借助活动开展，吸引了更多参观者。
- 镇海炼化、扬子石化等 4 家企业的科技馆（展览馆）入选中国化工科普联盟的科普基地。
- 金陵石化成为清华大学等 10 多所高等院校的学生实践教育和科普基地。
- 中原油田、中原石化等入选当地政府科普基地或实践教育基地。
- 西北石油局"科学开放日"活动已被选为新疆维吾尔自治区"科技活动周"的参展项目。
- 科普工作开展和新型基地打造，对石化企业自身和石油石化行业的健康发展发挥了积极作用。

* 镇海炼化公司是最早通过"公众开放日"进行石化科普的企业之一，入选首批中国石油和化工科普基地

* 江汉油田涪陵页岩气田工作人员向当地学生赠送《页岩气科普手册》

四、倒逼加压，激发内部改善管理新动力

开放需要勇气，更需要底气。"公众开放日"是对企业经营管理的常态化的"现场直播"，也成为 2017 年集团公司集中开展"安全生产月"宣传贯彻的重要平台。伴随活动开展，越来越多的企业积极识别并补足短板，推动内部管理更加完善。

- 齐鲁石化、天津石化、安庆石化等企业增加了安环投入。

- 广州石化、荆门石化等党政一把手亲自督战"花园式工厂"整改设计。

- 中原油田、九江石化、长岭炼化等形成了安环、消防、生产调度等多部门联动参与的工作机制，同时进一步强化基础设施建设，提升现场管理水平，改善生产生活环境，营造良好文化氛围，活动的开展成为提升内部管理的有效推动力。

- 湖北化肥以活动为契机，鼓舞队伍士气，激发员工能量，提出要打赢扭亏脱困翻身仗。

- 江西石油、湖南石油、河南石油等加强了库站的安环、数质量管理，在让公众零距离感受中国石化严格科学管理文化的同时，更让员工铭记住"每一滴油都是承诺"。

- 江苏油田的"公众开放日"活动和当地社区的公益活动巧妙连接。

- 中原油田邀请全国劳模卢建强、央企楷模宋丽萍、中国好人杨明峰等一批石化"明星"做客公众开放日，传播了社会正能量，传递了核心价值观。

- 仪征化纤通过江苏省首批"水效领跑者"公示，成为全省 13 家获此称号的企业之一，获"江苏省节水型企业"称号和"江苏省首批水效领跑者"称号。

CASE 案例

社会公众进厂促管理提升

通过公众进厂参观,听取公众对公司管理的意见建议,并反馈给专业部门改进工作,特别是现场管理更加有秩序。茂名石化被评为集团公司"三基"工作先进单位。2017 年有 2 项成果被评为集团公司现代化管理成果一等奖,成为集团公司炼化企业获得一等奖数量和获奖总数最多的企业。公司大部分指标、工作创历史最好水平,保持或进入中国石化先进行列。

* 记者、网民参观茂名石化污水处理情况

五、新闻创效，
探索提升经营效益新途径

中国石化将公司经营理念、产品价值、特色服务、技术优势、人才优势等内容植入"公众开放日"品牌活动，通过邀请合作伙伴、客户、消费者等利益相关方实地参观企业，增进了解和信任，形成价值认同，有助于推动与合作伙伴达成合作，有助于带动客户和消费者购买产品，真正实现品牌创效，为提升企业经营效益搭建新的平台。以"公众开放日"品牌活动为契机，油田企业、炼化企业、销售企业在"新闻创效"方面做出了有益探索。

- 中原油田主动邀请合作伙伴、有实力的企业参观交流，为加强合作、打开市场夯实基础。

- 广东石油、浙江石油瞄准优质、重点客户，邀请车主、企业大客户参加活动，直接带动了公司油品和非油品的经营销量。维也纳酒店集团在深圳参加活动后，立即订购 5 万多元易捷产品，半年内批量采购近百万元。

- 不少公众参观后成为了易捷卓玛泉的忠实消费者。

1. 广东石油："定点加油、采购易捷产品"得到"访客"青睐

"公众开放日"品牌活动中，广东油田将车主、企业大客户作为重要邀请对象，直接带动公司经营业绩的增长。如，某企业负责人在佛山站活动现场当即表态，"以后来你们中国石化加油站定点加油了"；某企业采购经理参加活动后，在中国石化加油站定点加油 800 多吨；某酒店集团代表在深圳站参观表示，"以前就听说易捷品质有保障，今天通过参加活动，确实感觉不错"，活动后立即下了订单，半年内批量采购近百万元易捷产品。

2. 中原油田:"公众开放日"品牌活动助力签订合同超 13 亿元

面对低油价"寒冬期",中原油田坚持将"开拓市场"的价值理念、人才优势、技术优势等元素,贯穿"公众开放日"品牌活动全过程,主动邀请合作伙伴企业、有实力的企业到油田参观交流,为增进信任、加强合作、打开市场夯实基础。2017 年以来,中原油田开拓外部市场人数达到 8000 余人,签订合同额超过 13 亿元。

* 公众参观了解中原油田生物多样性保护

* 中原油田"公众开放日"品牌活动智慧小课堂

汇聚 · 数据库

2012 年以来，在中国石化集团公司党组领导的高度重视和大力支持下，在集团公司宣传工作部的全力推动下，在各企业的特色实践和共同努力下，"公众开放日"品牌活动不断创新升级，取得诸多成果，获得社会各界的广泛认可和赞誉。

中国石化"公众开放日"品牌活动总体情况	
参与企业数量（家）	52
举办活动期数（期）	2732
参观公众数量（万人）	13.1

中国石化"公众开放日"示范单位活动统计表

上游企业		
企业名称	举办活动期数（期）	参观公众数量（人）
胜利油田	38	1280
中原油田	34	1603
江汉油田	32	1280
河南油田	178	8911
华北石油局	36	1260
江苏油田	10	380
华东石油局	13	450
西北石油局	9	310
西南石油局	10	439
总计	360	15913

中游企业		
企业名称	举办活动期数（期）	参观公众数量（人）
燕山石化	162	12086
齐鲁石化	54	2460
茂名石化	98	18000
镇海炼化	202	9050
天津石化	34	1756
上海石化	107	3604
金陵石化	279	8687
扬子石化	280	12387
武汉石化	98	3965
长岭炼化	43	1160
仪征化纤	34	2395
洛阳石化	58	1750
安庆石化	42	1680
石家庄炼化	45	1540
川维化工	46	1580
九江石化	173	6860
湖北化肥	24	1050
济南炼化	60	2430
中原石化	24	1113
塔河炼化	27	950
高桥石化	9	320
南化公司	49	2820
广州石化	16	520

中游企业		
企业名称	举办活动期数（期）	参观公众数量（人）
北海炼化	11	550
荆门石化	15	480
青岛炼化	10	280
沧州炼化	21	720
总计	2000	100193

下游企业		
企业名称	举办活动期数（期）	参观公众数量（人）
北京石油	38	1335
上海石油	37	1214
江苏石油	22	1050
浙江石油	101	2585
江西石油	21	840
河南石油	22	760
湖南石油	21	735
广东石油	52	3120
四川石油	8	340
湖北石油	9	450
天津石油	9	510
山东石油	9	718
广西石油	8	450
云南石油	9	460
青海石油	6	200
海南石油	3	120
总计	372	14887

未来展望

中国石化"公众开放日"品牌活动，是贯彻党的十九大精神和习近平总书记关于加大国有企业正面宣传重要批示精神的重要举措，是落实国务院国资委提出的"积极搭建沟通平台、大力开展企业开门开放活动"工作要求的典型案例，是践行中国石化"价值引领、创新驱动、资源统筹、开放合作、绿色低碳"五大发展战略的具体行动，也是中国石化加强与外界沟通、改善关系、提升形象、营造改革发展和生产经营良好环境的生动实践。

展望未来，中国石化将进一步整合资源、统筹管理、创新传播、真诚沟通，持续深入推进"公众开放日"品牌活动，扩大规模，升级创意，提升体验，努力将活动打造成中国石化与社会沟通的标志性品牌活动，切实促进企业与社会之间持续的信息交换和"能量"交换，为树立和改善企业形象，提升企业整体软实力，为全国工业企业、重化行业树立沟通的典范，提供可供复制的操作模式，为推动企业实现高质量发展，构建和谐社会，全面建成小康社会做出新的更大的贡献！

鸣谢

感谢国家生态环境部、国务院国资委、中国企业联合会、中国社会科学院、中星责任云社会责任机构等政府领导、专家对中国石化"公众开放日"品牌活动的关注与支持！望今后继续指导、帮助和推动中国石化公众沟通工作进一步完善、提升。

后记

《沟通创造价值——企业公众开放日品牌活动探索与创新》是集体劳动的结晶。本书主要由吕大鹏、阎慧蓉、刘姗完成,俞国明、张天雷、洪煜、张凌志、曲艺、李文俊等在成书过程中做了大量工作,钟宏武、马燕、汪杰等从社会责任工作角度做了专业指导。此外,本书的出版也得到了长期以来关心和帮助中国石化的专家、学者、媒体朋友、出版社及中国石化各部门(单位)、所属企业的支持。

最后,感谢各位为推进中国石化"公众开放日"品牌活动不断创新升级,不断提升活动效果而做出的努力。未来,我们将持续深入开展"公众开放日"品牌活动,努力将活动打造成为独具特色、影响深远、具有里程碑意义的中国石化与社会沟通的标志性品牌活动,并及时进行总结和整理,加强推广和传播,为中国工业企业探索与公众沟通方式提供示范和借鉴。

由于时间仓促,本书如存在可改进之处,希望专家、学者、读者朋友批评指正。

编写组
2019 年 4 月

图书在版编目（CIP）数据

沟通创造价值：企业公众开放日品牌活动探索与创新 / 吕大鹏，阎慧蓉，刘姗著．
北京：经济管理出版社，2019.4
ISBN 978-7-5096-5734-8

Ⅰ.①沟… Ⅱ.①吕… ②阎… ③刘… Ⅲ.①石油化工企业—品牌营销—工业企业管理研究—中国 Ⅳ.①F426.22

中国版本图书馆 CIP 数据核字（2018）第 059089 号

组稿编辑：陈　力
责任编辑：陈　力
责任印制：黄章平
责任校对：王淑卿

出版发行：经济管理出版社（北京市海淀区北蜂窝 8 号中雅大厦 A 座 11 层 100038）
网　　址：www.E-mp.com.cn
电　　话：(010)51915602
印　　刷：北京玺诚印务有限公司
经　　销：新华书店
开　　本：880mm×1230mm/16
印　　张：8.5
字　　数：168 千字
版　　次：2019 年 4 月第 1 版　2019 年 4 月第 1 次印刷
书　　号：ISBN-978-7-5096-5734-8
定　　价：68.00 元

·版权所有　翻印必究·
凡购本社图书，如有印装错误，由本社读者服务部负责调换。
联系地址：北京阜外月坛北小街 2 号
电话：(010)68022974　　邮编：100836

吕大鹏

中国石油化工集团有限公司新闻发言人、宣传工作部（企业文化部、新闻办）主任。在新闻传播、声誉管理和危机管理等方面拥有丰富的理论和实战经验，并总结提升为"企业声誉五连环管理法"，在业界受到较高评价。被聘请为北京大学国家战略传播研究院顾问、中国传媒大学培训学院兼职教授、国资委新闻中心舆情处置专家顾问。

阎慧蓉

中国石油化工集团有限公司宣传工作部（新闻办）副主任，长期从事新闻宣传工作，参与多起重大负面舆情的应对和处置，形成了成熟的重大新闻发布和舆情应对的工作机制和流程。策划实施我国工业企业中最大规模的开放日活动——中国石化"公众开放日"品牌活动。持续六年开展全国大学生记者训练营活动，中宣部评价其"开创了央企影响青年群体认知的先河"。

刘　姗

中国石油化工集团有限公司宣传工作部新闻处副处长，在大型企业集团的新闻发布、公共关系和大型品牌活动策划方面有丰富经验，为中国石化"公众开放日"品牌活动的主要策划和实施人之一。